U0954913

# 治理现代化视域下
# 大学内部组织治理路径研究

ZHILI XIANDAIHUA SHIYU XIA
DAXUE NEIBU ZUZHI ZHILI LUJING YANJIU

□ 贺湘婷 / 著

華中师範大學出版社

**图书在版编目（CIP）数据**

治理现代化视域下大学内部组织治理路径研究 / 贺湘婷著. --武汉：华中师范大学出版社，2024.12.

ISBN 978-7-5769-0761-2

Ⅰ. G647

中国国家版本馆 CIP 数据核字第 20248JN430 号

**治理现代化视域下大学内部组织治理路径研究**



**责任编辑**：肖绪旭　　**责任校对**：王　胜　　**封面设计**：胡　灿

**编辑室**：第一分社　　**电话**：027-67867317

**出版发行**：华中师范大学出版社有限责任公司

**社址**：湖北省武汉市珞喻路 152 号　　**销售电话**：027-67863426

**网址**：http://press.ccnu.edu.cn　　**电子信箱**：press@mail.ccnu.edu.cn

**印刷**：河北虎彩印刷有限公司　　**督印**：刘　敏

**开本**：710mm×1000mm　1/16　　**印张**：11.75　　**字数**：192 千字

**版次**：2024 年 12 月第 1 版　　**印次**：2024 年 12 月第 1 次印刷

**定价**：56.00 元

欢迎上网查询、购书

# 前　言

本书旨在探讨大学内部组织治理相关问题，提升高校办学治校效率，为推动高校内部治理体系和治理能力现代化提供理论引领和实践指导。本书通过构建多维度研究框架，对大学内部组织治理进行全面而系统的分析。

在理论探讨方面，本书深入研究大学内部组织治理基本概念、理论基础和发展趋势，为后续研究提供理论支撑。本书通过梳理历史与现实，揭示大学内部组织治理的演变过程和现实困境，为解决实际问题提供历史借鉴和现实依据。在国别经验比较方面，我们选取英国、德国和美国等具代表性的国家，对其大学内部组织治理的理念、制度、机构和能力进行比较分析，通过借鉴国际先进经验，为我国大学内部组织治理提供有益启示和参考。在结构与机制建构方面，我们重点探讨大学内部组织治理的结构设计和机制建设，包括学术权力与行政权力的关系、决策机制、执行机制、监督机制等，通过构建科学合理的组织结构和运行机制，提高大学内部组织治理的效率。在完善大学章程方面，要重视大学章程在大学内部组织治理中的重要地位和作用，我们提出了完善大学章程的基本原则和具体措施，通过制定科学完善的大学章程，规范大学内部组织治理的行为和程序，保障大学的健康发展。在大学文化建设方面，我们提出了培育创新文化、产学研合作文化、数字化文化等的具体措施，通过加强大学文化建设，营造良好的文化氛围，提高大学内部组织治理的软实力。

研究结论表明，高校内部治理体系创新必须以治校育人为价值引领，以效率优先、整体设计、民主决策、依法治校为原则。在此基础上，要解决好以下关键问题：第一，构建完善科学高效的咨询、决策及执行的组织权力框架，明确各组织和权力主体职责与权限，建立科学合理的决策程序和执行机制，提高决策科学性和执行效率。第二，确保学术权力与行政权力的有效分离。学术权力和行政权力是大学内部组织治理中的两种重要权力，需要明确两者的界限和关系，建立有效的协调机制，确保学术权力的独立性和权威性，提高行政权力的服务性和效率。第三，健全完善大学章程，规范高校决策程序及运行机制。制定科学完善的大学章程，明确大学办学宗旨、治理结构、权力运行机制等，规范高校决策程序和运行机制，提高决策的科学性和民主性。第四，赋予学院自主权，提高办学积极性和运行效率。要建立有效的监督机制，确保学院自主权得到正确行使。第五，提高高校领导的战略规划能力、决策能力、执行能力和创新能力，推动高校治理能力的现代化。

综上所述，本书通过多维度的研究框架，对大学内部组织治理进行全面而系统的分析，提出一系列具有针对性和可操作性的建议和措施，对于推动我国高校内部治理体系和治理能力现代化具有重要的理论价值和实践意义。

# 目　　录

# 绪　论

## 第一节　研究背景

新一轮技术革命与产业革命正在加速演进，人工智能、大数据、物联网等智能技术应用广泛，产业竞争加剧，品牌建设发展的需求增加，我国高等教育要主动适应外部发展趋势，积极变革，勇于创新（黄宝印等，2024）①。大学治理现代化是我国社会治理现代化的重要组成部分，也是我国建设高等教育强国的必然要求。数字化时代迅速发展，国家战略不断调整，大学内部组织治理面临着新的机遇和挑战。数字化技术的广泛应用，如大数据、人工智能等，为大学内部组织治理提供了新的手段和方法，同时也对大学内部组织治理的理念、模式和机制提出了新要求。科技革命和产业变革兴起，使得大学与社会的联系更紧密，大学的社会服务功能更为凸显。大学需要不断调整内部组织的治理结构，加强与企业、政府等社会各界的合作，提高科技创新能力和社会服务水平，以适应科技革命和产业变革的发展要求。

目前我国许多大学的内部组织治理工作未能满足新时代的要求，体现在价值导向、组织生态、组织制度及管理专业化水平等多个方面。比如许多大学内部组织治理的价值导向不够明确；治理主体②多元化的格局尚未完全形成；部分大学的内部组织类型与治理制度不匹配；内部组织治理的专业化程度有待进一步提高等。为了满足新时代大学治理现代化的发展需求，大学内部组织治理工作迫切需要进行改革创新③。本书深入探讨“治理现代化视域下大学内部组织治理的路径研究”这一课题，旨在探寻大学内部组织治理变革的有效路径，这对于

① 黄宝印，刘永栓，薛新龙．加快高校内部治理体系建设　坚定走好中国特色高校内部治理现代化新路［J］．中国高教研究，2024（7）：19-24.

② 朱皆笑，陈芳．基于管理熵理论的高校学生组织治理绩效评价体系研究［J］．黑龙江高教研究，2017（7）：54-58.（本书部分脚注采取“关键词”指引法，望读者知悉。）

③ 占春旺，王飞．刍议大学内部治理结构的改革创新［J］．中国高等医学教育，2017（10）：1-2.

实现大学内部组织治理的价值建构、生态建构和制度建构，提升专业化治理水平具有重要意义。

## 第二节 研究意义

本研究的意义分为理论和实践两个层面。

在理论层面：第一，本书分析中国特色社会主义新时代下大学内部组织治理的宏观环境，全面梳理我国大学内部组织治理工作的历史脉络与现状，发现新时代我国大学内部组织治理存在的问题，为习近平新时代中国特色社会主义思想引领下的大学治理工作提供全新的研究视角。第二，本书立足治理现代化视域，从现代化大学内部组织治理的角度，综合运用文献研究法、调查研究法、案例分析法、系统研究法等一系列研究方法，深入探究大学内部组织治理路径，为研究相关问题提供切实可行的研究思路。第三，本书深入探讨教育、科技、人才对中国式现代化的支撑作用，以及大学内部组织治理在国家发展战略中的重要地位，进一步丰富了相关理论研究。

在实践层面：本书详细阐述了当前大学内部组织治理变革的具体路径，明确了新时代背景下大学应如何积极作为，以实现组织治理的价值建构、生态建构和制度建构，全面提升专业化治理水平，为大学内部组织治理工作提供宝贵的参考价值和有力的智力支持。

## 第三节 国内外研究现状

### 一、国外研究现状

现代大学制度是实现大学治理现代化①的基础。学术界普遍认为现代大学制度的起源地是柏林大学。柏林大学的主要制度举措包括：强调学术自由，发挥制度力量，弱化人的作用，通过科学合理地制定相关制度、落实制度规定和定期重检，不断完善制度，以实现组织的科学治理；强调教学与科研工作的有机统一，建立标准化的大学内部治理工作流程，提高治理人员的工作效能。柏林大学的现代大学制度一方面强调要有治理制度和治理能力作为保障，另一方面注重最大限度

① 孙杰远．国家治理背景下大学治理现代化的本质与策略［J］．国家教育行政学院学报，2020（2）：3-8．

地减少信息不对称，实现信息的共享，降低信息阻碍对决策偏差的影响。学术界认为美国的大学制度是现代大学制度的黄金标准，其主要做法是在工作中遵循学术自由、学术自治和学术中立的三原则。

进入21世纪后，国外开始出现关于高校组织治理问题的研究，关注的焦点集中在大学组织治理的概念、治理关键、实施要点、常见问题及解决方案。

（1）关于大学组织治理的概念研究。Joe Christopher（2012）① 指出，大学治理是对内部关系、外部关系以及它们之间互动的综合考察，确保大学能够得到外部环境的接受和认可，找准自身合适的位置，接受外部环境的相关规则，能够更好地适应外部环境的变化。Frederick Balderston（2014）② 认为，大学治理是对大学的战略计划和关键政策的发展进行监督，并在此基础上对大学发展的成果开展定期和阶段性评价，保障大学发展的可持续性，确保大学独立性，使得大学能够充分根据自身具体情况确定最为适合的治理结构，实施适合自身发展的战略，能够实现更加差异化、个性化、效率化的发展。

（2）关于大学治理工作中的关键性问题研究。Yelin WU（2015）③ 认为大学治理工作要做好以下几个方面的具体工作：一是要科学合理地配置大学内部权力；二是要适当减少外部力量对大学内部治理的各种干扰；三是对利益相关者的各种诉求进行准确而恰当的回应。De Silva（2015）④ 指出，大学治理的关键在于识别、评估和维护内外部利益相关者的利益，不论是在决策过程中，还是在具体管理执行过程中，都要充分发挥领导作用。Han Shuangmiao（2015）⑤ 指出大学组织治理的关键就是恰当处理利益相关者的各种利益，或者说要采取恰当的

① CHRISTOPHER J. Governance paradigms of public universities: an international comparative study[J]. Tertiary education and management, 2012, 18(4).

② FREDERICK B. Managing Today's University: Strategies for Viability, Change, and Excellence[M]. San Francisco: Jossey-Bass Publishers, 2014.

③ WU Yelin, XU Wenting. An exploration on the value appeal and practice path of university governance under the context of good governance[J]. Canadian social science, 2015, 11(3).

④ LOKUWADUGE S D C, ARMSTRONG A. The impact of governance on the performance of the higher education sector in Australia [J]. Educational management administration & leadership, 2015, 43(5).

⑤ HAN Shuangmiao, ZHONG Zhou. Strategy maps in university management: a comparative study[J]. Education management administration & leadership, 2015, 43(6).

方式对大学内部权力进行科学而合理的分配，通过政治权力、行政权力、学术权力、民主权力等相关权力在内部利益相关者之间的统筹、安排与分配，合理设定利益实现的制度安排，实现大学管理的合理运行。

(3) 关于大学组织治理工作的实施要点研究。Marek Kwiek (2015)① 以荷兰大学治理工作为研究对象，指出荷兰大学内部组织治理的实施要兼具整体性、适应性和开放性，要符合法律法规的要求，充分发挥民主管理和民主监督作用，强调更具效率的治理方式。Mohammad Nurunnabi (2016)② 研究指出要坚持多元主体共同参与的治理理念，充分保障高校教师参与高校内部组织治理的民主权力，使教师在高校治理过程中发挥作用。

(4) 关于高校现代化治理中的常见问题及解决方案研究。Rhiannon Pugh (2016)③ 重点强调了高校现代化治理中存在的治理权力严重失衡的问题，具体体现在行政权力过大，对学术权力形成过度干涉，学生民主管理和民主权力缺失、社会公众监管权力形同虚设等。Savis Gohari (2016)④ 认为，在实现大学治理和利益相关者目标一致的过程中，制度和能力是基础，在其基础上，解决信息不对称问题、实现信息的有效传递非常重要，高校要从多个方面培养人才，提升专业化治理能力，包括制定高校章程，严格规范行政权力和学术权力的边界，在更大的范围内实行民主管理和民主监督等。Domingo (2016)⑤ 强调从大学章程的角度去完善高校内部组织治理，强调发现大学内部组织治理存在的问题，在此基础上进一步明确现代大学内部

① KWIEK M. The unfading power of collegiality? University governance in Poland in a European comparative and quantitative perspective [J]. International journal of educational development, 2015, 43.

② NURUNNABI M. Political governance and accountability of private universities in developing countries[J]. International journal of public sector management, 2016, 29(6).

③ PUGH R, HAMILTON E, JACK S, et al. A step into the unknown: universities and the governance of regional economic development[J]. European planning studies, 2016, 24(7).

④ GOHARI S, HOLSEN T. Understanding the governance system in the campus development; the cases of Norwegian university of life sciences and Norwegian university of science and technology[J]. Procedia engineering, 2016, 161.

⑤ GARCIA-PEREZ-DE-LEMA D, MADRID-GUIJARRO A, MARTIN P D. Influence of university-firm governance on SMEs innovation and performance levels [J]. Technological forecasting & social change, 2016, 123.

组织治理的价值导向，形成以学术为中心的大学内部组织治理生态并完善大学内部组织治理制度，提高大学内部组织治理的专业化程度。

## 二、国内研究现状

国内学者对于高校组织治理问题的研究，多侧重于高校内部组织现代化治理的实施路径、特定方面、适应外部环境变化及多元化合作共治等角度。其中具有代表性的研究观点包括以下几个方面。

（1）在高校内部组织现代化治理的实施路径研究方面，周海涛和刘永林（2021）① 指出，高校内部组织治理现代化的实施应具备整体性、适应性和开放性，要符合法律法规的要求，充分发挥民主管理和民主监督作用，强调更高效的治理方式，并在价值、制度、生态等多方面积极推动改革。郑磊（2024）② 认为，高校内部组织治理能力的推进路径包括相互联系的五个方面，即加强高校内部组织治理制度的改革与创新，加强对大学章程的执行与遵循，提高对各种利益进行统筹优化与整合的能力，积极调动全员的共同参与，以及更加注重发挥协商治理模式的作用。范奇（2022）③ 辨析了高校治理机制与高校治理动力的关系，提出当高校治理机制存在不合理之处时，高校内部组织的治理动力才会显现，而高校治理动力越充足，就越能促进高校治理机制的完善，两者可形成相互促进的良性循环④。刘志芳和孙银光（2024）⑤ 探索了“双一流”背景下我国高校治理的优化路径⑥，指出我国高校内部组织治理需要制度化路径和非制度化路径并重，制度化方面要积极建立健全多元利益相关者参与高校治理的力量机制；非制度化方面要大力宣扬和倡导以人为本、民主决策的治理理念，实现高校治理的价值引领。

---

① 周海涛，刘永林．高校治理创新的实践路径探析［J］．厦门大学学报（哲学社会科学版），2021（1）：115-121.

② 郑磊．高校组织自主权的规范内涵与制度构造［J］．重庆高教研究，2024（6）：1-15.

③ 范奇．论高校治理权的规范类型及其机制［J］．复旦教育论坛，2022，20（4）：39-47.

④ 余华，彭程甸．高校治理机制与高校治理动力的关系辨析［J］．湖南科技大学学报（社会科学版），2017，20（1）：172-178.

⑤ 刘志芳，孙银光．高校教师科研评价不良治理机制生成机理与优化路径［J］．大学教育科学，2024（4）：58-66.

⑥ 邹兵．“双一流”背景下我国高校治理的优化路径［J］．江苏高教，2018（1）：19-23.

（2）关于高校组织内部现代化治理的特定方面，罗嗣海（2024）①研究了高校教育数据挖掘的动力与高校治理改进课题，指出我国已进入大数据时代②，大数据时代的各种技术工具可用于高校内部组织治理，通过引入一系列新兴技术，全面提高高校内部组织治理的现代化、科学化和智能化水平。李玲玲和蔡三发（2018）③强调从大学章程的角度完善高校内部组织治理，包括全面界定党委领导下的校长负责制、明确学术委员会的地位和作用、充分保障全校教职工和学生参与学校民主治理和民主监督的权利等。王少媛和白永生（2022）④基于人才培养视角强调了提高专业化水平对优化地方高校治理结构⑤⑥⑦的积极作用，指出高校应从多个方面培养人才，提升专业化治理能力，包括制定高校章程并严格执行，严格规范行政权力和学术权力的边界，在更广泛的范围内实行民主管理和民主监督等。

（3）在高校内部组织现代化治理适应外部环境变化的研究中，孟国忠和农春仕（2018）⑧指出，当前我国经济社会发展进入转型期，高校内部组织治理也需积极适应社会转型现状，推动治理方式转型。白强（2023）⑨指出，完善高校治理体系的关键在于以改革创新的精神扎实推进内部组织治理的深刻变革。黄宝印等（2024）强调了党的建设

① 罗嗣海. 高质量发展阶段地方“双一流”建设高校治理效能提升路径［J］. 中国高等教育，2024（1）：34-37.

② 丁国勇，程晋宽. 高校教育数据挖掘的动力与高校治理改进［J］. 教育探索，2018（3）：47-51.

③ 李玲玲，蔡三发. 基于章程文本分析的高校治理问题研究：以“大学”建设高校为例［J］. 高教探索，2018（8）：14-19.

④ 王少媛，白永生. 协同治理视域下高校财务治理体系的优化路径［J］. 国家教育行政学院学报，2022（5）：47-53.

⑤ 谢芳. 基于人才培养视角的地方高校治理结构改革路径探讨［J］. 黑龙江高教研究，2017（9）：40-42.

⑥ 朱家德. 教师参与高校治理现状的个案研究［J］. 高等教育研究，2017，38（8）：34-41.

⑦ 李文冰. 主体扩容与杠杆效应：创新高校治理结构探讨［J］. 当代教育科学，2010（15）：38-40.

⑧ 孟国忠，农春仕. 大数据时代高校资助育人的转型与适应［J］. 学校党建与思想教育，2018（18）：74-76.

⑨ 白强. 高校知识生产的逻辑分析与学科建设动力机制构建［J］. 现代教育管理，2023（9）：76-85.

对推进中国特色高校治理现代化的作用，认为高校治理的首要关键是坚持党的领导地位不动摇，同时要正确处理高校发展过程中的各种重大关系。杨光钦（2018）[①] 论述了新时代背景下我国高校治理体系[②]的制度重构问题，指出制度重构的关键是对制度进行结构化改革，使其更符合习近平新时代中国特色社会主义思想指导下的高校治理要求。

（4）关于高校内部组织现代化治理要坚持多元化合作共治的研究，俞兆达（2023）[③] 指出要坚持多元主体共同参与的治理理念，充分保障学生参与高校内部组织治理的民主权利，使学生在高校治理过程中发挥应有的作用。陈晓飞等（2024）[④] 分析了教师参与高校治理的现状，指出当前高校教职工在参与高校治理方面不够主动积极，也不够系统全面，参与的力度和深度都有待改进，需要通过改革创新的方式提高参与效能。荣振华和管又飞（2017）[⑤] 研究指出，在我国目前的高校治理中，大学生参与权缺乏现实表达，无法在完善高校内部组织治理工作中发挥重要作用，提高大学生参与权的途径和方式不仅在于从思想上重视、从理念上改变，更重要的是从法律上明确、从制度上规范。张宝歌（2023）[⑥] 基于民主治理视域，分析了当代大学生参与高校治理[⑦][⑧]工作的重要意义与实现路径，指出高校应从价值导向、生态环境、组织制度、专业模式等多个方面引导、支持和保障大学生参与高校治理的权利，使大学生在高校内部组织治理中发挥应有作用。黄宝

---

① 杨光钦. 新时代我国高校治理体系的制度重构：基于“一带一路”倡议的现实化思考［J］. 当代教育科学，2018（4）：33-37.

② 何健. 高校治理体系现代化构建：原则、目标与路径［J］. 国家教育行政学院学报，2017（3）：35-40.

③ 俞兆达. 民办高校办学质量的多元主体诉求及其协商路径：基于多元主体理论视角［J］. 中国高教研究，2023（1）：35-42.

④ 陈晓飞，贺光明，邓佳贝. 新时代高校教师参与学校治理的意愿与动力研究［J］. 江苏高教，2024（7）：40-47.

⑤ 荣振华，管又飞. 高校治理中大学生参与权的理论基础与现实表达［J］. 复旦教育论坛，2017，15（6）：33-39.

⑥ 张宝歌. 中国式高校治理现代化发展逻辑及价值取向［J］. 社会科学战线，2023（9）：239-249.

⑦ 施彦军，汤兆云. 民主治理视域下当代大学生参与高校治理：必要性、障碍及其路径选择［J］. 黑龙江高教研究，2017（9）：47-51.

⑧ 侯浩翔，钟婉娟. 学生参与高校治理的价值逻辑与机制建构［J］. 教育评论，2016（9）：72-75.

印等（2024）研究了合作治理视域下的高校治理现代化问题①，重点强调了高校现代化治理中存在的治理力量严重失衡问题，具体表现为行政权力过大对学术力量过度干涉、学生民主管理和民主权力缺失、社会公众监管力量形同虚设等，建议通过引入合作治理模式，强调多元化主体参与的治理模式。

国外对于大学治理的研究涵盖了一系列关键问题，其中包括深入探讨大学治理问题的背景和重要意义，明确大学治理结构②的概念及其丰富内涵。此外，研究还对参与大学治理结构③的各个利益集团以及它们在利益网络中所处的地位进行了详细分析。同时，国外的研究还深入探究了大学治理结构中权力冲突的本质、权力的来源，以及权力结构与组织结构④之间的紧密关系。

## 三、文献述评

国外对于大学治理的研究涵盖了一系列关键问题，包括深入探讨大学治理问题的背景和意义，明确大学治理结构的概念及内涵，还对参与大学治理结构的各个利益集团及它们在利益网络中所处的地位进行详细分析。同时，国外的研究还深入探究大学治理结构中权力冲突的本质和权力的来源，以及权力结构与组织结构之间的紧密关系。这些研究成果为大学治理领域的学术研究做出了重要贡献。国内最新的相关研究更强调宏观环境发生深刻变化下的现代化治理方式。部分研究分析了高校内部组织现代化治理的具体实施路径，部分专注于高校组织内部现代化治理的某一特定方面，部分研究强调高校内部组织治理应积极适应外部环境的重大变化，部分研究则着重指出高校内部组织治理要坚持多元化合作共治的原则等。

综合学者们的观点，现代大学制度⑤⑥的要点体现在多个重要方

---

① 徐顽强，王文彬．合作治理视域下的高校治理现代化研究［J］．中国电化教育，2018（9）：81-86．

② 刘虹．大学治理结构的政治学分析［J］．复旦教育论坛，2013，11（6）：17-22．

③ 钟云华，向林峰．中外大学治理结构变迁方式比较［J］．现代教育管理，2010（2）：110-113．

④ 谢安邦，阎光才．高校的权力结构与权力结构的调整：对我国高校管理体制改革方向的探索［J］．高等教育研究，1998（2）：23-27．

⑤ 龚怡祖．大学治理结构：现代大学制度的基石［J］．教育研究，2009，30（6）：22-26．

⑥ 张建初．现代大学制度下的大学治理结构［J］．教育评论，2009（5）：20-22．

面，包括主要理念、制度设计、宏观架构和微观架构等。一是在主要理念上，要坚定不移地秉持科学治理、依法治理和社会多元治理的原则。二是在制度设计上，要妥善处理好大学与政府、大学与社会之间的关系，尤其要重视内部治理结构①的改革与完善。三是在宏观架构上，要强调政府管理的适度性、市场调节的有效性、社会参与②的有序性以及学校办学的合法性。四是在微观架构上，要突出校长负责、教授治学和民主管理的重要性。然而，在治理现代化的视域下，关于大学内部组织治理的研究相对较少。因此，本书的研究在一定程度上可以填补这一研究空白，为该领域的学术发展做出有益的贡献。

## 第四节　研究方法和思路

### 一、研究方法

本书在研究过程中综合运用了多种方法，主要包括文献研究法、调查研究法、案例分析法、系统研究法和比较研究法。

#### （一）文献研究法

文献研究法是一种围绕研究目的，通过对相关资料的广泛收集、系统整理、深入分析、全面归纳和精准提炼，以获取研究所需信息，并形成对既定事实科学认识的方法。在本书中，通过对大学治理概念、内部组织治理的结构特征以及大学组织模式特性等方面的文献进行整理和分析，做出适当解读和归纳，发现相关问题，并通过对文献资料的研究，找到新研究视角，提出观点。需要说明的是，拙著脚注未采取传统注码一一对应形式，而用“关键词”指引法（或时间词，或关键词），望读者知悉。

#### （二）调查研究法

调查研究法是通过实地调查、访谈等方式获取信息，并对所获取的信息进行科学分析的研究方法。在本书的研究过程中，作者通过参与本校人事处、党办、校办等单位的实际调研，以及通过网络收集大学内部组织设置等信息，获取了大量与本书研究相关的一手资料，并

① 张端鸿．大学治理结构的经济学分析［J］．复旦教育论坛，2013，11（6）：23-28．

② 侯新兵．社会参与大学治理：内涵、动因及方式［J］．黑龙江高教研究，2020，38（7）：8-13．

对这些资料进行了科学而必要的加工和梳理，为研究提供有力支持。

### （三）案例分析法

案例分析法是一种常用的研究方法，在大学治理结构的研究中也可以得到应用。本书通过对具体大学治理结构的案例进行深入分析，揭示其中存在的问题和挑战，提出相应的改进措施和建议。例如，可以选择一所具有代表性的大学，对其治理结构的各个方面进行详细描述和分析，包括决策机制、权力分配、利益相关者参与等。通过对案例的研究，我们可以总结出一般性的规律和经验，为其他大学的治理结构改革提供参考和借鉴。

### （四）系统分析法①

系统分析法是将所要解决的问题视为一个系统，对系统中的各个要素进行综合分析，以找出解决问题的方法。本书将大学视为一个复杂的系统，运用系统分析法从更完整的角度、更具逻辑性的思路对大学内部组织治理结构②③进行深入分析，探讨大学内部组织治理结构的各个要素之间的相互关系和作用机制，为优化大学内部组织治理结构提供理论依据和实践指导。

### （五）比较研究法

比较研究法是指通过对不同大学在内部组织治理方面的比较分析，找出它们之间的异同点，为改进和完善大学内部组织治理提供参考和借鉴。比较研究法的优点是可以拓宽研究视野，发现不同大学之间的共性和差异，具有较高的理论价值和实践意义；缺点是比较的标准和方法需要进行科学的设计和选择，否则可能会影响比较结果的准确性和可靠性。比较研究法适用于对大学内部组织治理的整体水平进行评估，如不同国家或地区的大学之间的比较等。

## 二、研究思路

本书旨在深入探究治理现代化视域下我国现代大学的内部组织治

---

① 李基礼．基于功能系统分析法的思想政治教育现代化探究［J］．思想教育研究，2022（6）：14-18.

② 何淑通，何源．大学内部治理结构变革：模式、动因与内容［J］．现代教育管理，2016（11）：1-8.

③ 钟云华，向林峰．中外大学治理结构变迁方式比较［J］．现代教育管理，2010（2）：110-113.

理机制。为此，本书基于组织生态学和多中心治理理论①，对大学内部组织治理的历史发展、现实状况进行全面分析，找出其中存在的问题，在此基础上，进一步明确现代大学内部组织治理的价值导向，构建以学术为中心的大学内部组织治理生态，并提出完善大学内部组织治理制度的建议，以提高大学内部组织治理的专业化程度。

在研究的总体思路上，本书首先对大学内部组织治理②的相关概念进行详细界定，并对相关理论基础进行全面阐述。然后，本书对大学内部组织治理进行深入透视，包括对大学内部组织治理的历史考察、现状调查以及深入分析存在问题。本书对大学内部组织治理进行全面环境分析，运用案例分析法对英国③、德国、美国等西方发达国家的大学内部组织治理特点进行详细阐述。在此基础上，本书提出大学内部组织治理变革的路径，包括实现组织治理的价值建构、生态建构和制度建构，提高专业化治理水平等。本书在构思和结构上，按照“理论建构—问题描述和分析—未来构想和措施建议”的总体思路和逻辑承接关系来展开论文的主体部分。

## 第五节 研究内容

本书的研究内容涵盖了四个相互关联的部分，分别是大学内部组织治理的理论基石、大学内部组织治理现状的调查与问题剖析、面向现代化的大学内部组织治理环境解析以及大学内部组织治理的路径探寻。

1. 深入探讨相关理论基础，并明确界定大学内部组织治理的相关概念。具体而言，首先详细论述相关理论基础并紧密结合这些理论，深入剖析大学治理现代化的核心要义。在这个过程中，着重强调多元化合作共治、制度化治理、智能化治理以及专业化治理的重要性。其次，对大学内部组织治理进行全面界定，涵盖大学内部组织的边界、大学内部组织治理的内涵与特征、大学内部组织治理的主客体以及大

① 张圣祺. 治理理论视域下我国政府与大学关系研究［D］. 长春：吉林大学，2012.

② 吴丁玲，胡仁东. 大学组织内部治理中行政权力的制度设计：兼论学术权力与行政权力的关系［J］. 江苏高教，2018（9）：60-65.

③ 张凤都，付冉冉. 英国大学治理制度的发展变迁及其对中国大学的启示［J］. 中国教育学刊，2015（S1）：384-385.

学内部组织治理的目标等多个方面。通过对这些方面的深入探讨，我们更好地理解大学内部组织治理的本质和特点，为进一步研究和实践提供坚实的理论基础。总之，本章节的研究对于深入理解大学内部组织治理的相关理论和实践具有重要意义，为进一步探讨大学治理现代化的路径和策略提供了有益的参考。

2. 深入探究大学内部组织治理的现状，旨在全面了解大学内部组织的设置情况。在此基础上，发现我国大学内部组织治理方面存在一系列问题。首先，内部组织治理的价值导向不够明确，导致组织目标和使命不够清晰，影响组织的发展方向和效率。其次，内部组织治理主体多元化尚未完全形成，缺乏广泛的参与和合作，限制了组织的创新和发展潜力。此外，内部组织类型与治理制度之间存在不匹配的现象，制度的不完善和不适应性制约了组织的有效运行和管理。最后，内部组织治理的专业化程度有待进一步提高，缺乏专业的管理人才和科学的管理方法，影响组织的治理水平和绩效。

3. 从大学内部组织治理的多个方面进行分析。明确治理目标和遵循相应原则，可以为大学长期稳定的发展提供保障；合理的组织结构和权力运行机制有助于提高决策效率和管理效能；有效的人员管理与激励措施能够吸引和留住优秀人才，提高工作积极性和创造力；良好的文化建设①可以营造积极向上的校园氛围，增强师生的归属感和认同感；学术治理体系的建立能够保障学术自由和学术质量，促进学术创新和发展。在实际操作中，大学需要综合考虑，并根据自身的特点和需求，制定出适合的治理策略和措施。还需要不断进行评估和调整，以适应不断变化的外部环境和内部需求。只有这样，才能实现大学内部组织治理的优化和提升，推动大学的持续发展和进步。

4. 着重探讨大学内部组织治理变革的路径，旨在解决我国大学内部组织治理现存的诸多问题。当下，大学内部组织治理变革的路径以构建现代大学制度为理念，达成组织治理的价值现代化、治理生态优化以及治理制度完善，提升专业化治理水平。在价值现代化层面，应更为凸显大学内部组织治理的现代价值导向，构筑智能化组织治理平

① 罗婷，万春林. 文化建设：大学内部治理的必然选择 [J]. 江西师范大学学报（哲学社会科学版），2017，50（6）：127-131.

台，树立非最小化的治理成本观念，追求以自我实现为目标的组织文化治理。在治理生态方面，需扩大多元参与的治理主体范畴，构建多中心治理机制，以学术为核心，健全民主管理与监督体系。在治理制度领域，要更加注重制度的适配性与完备性，增强治理模式与组织类型的契合度，明确大学内部组织治理制度清单，强化大学权益救济制度建设。在提高专业化治理水平方面，要着力强化大学内部组织治理的目标激励机制，提升行政型组织的执行力，增强学术型组织的影响力。通过以上多方面的努力，我们能够实现大学内部组织治理的全面优化与提升，推动大学的持续发展与进步。这不仅需要大学自身的积极探索与实践，也需要社会各界的广泛关注与支持。只有形成合力，才能共同为我国高等教育事业的繁荣发展贡献力量。

# 第一章　理论基础

## 第一节　治理现代化相关理论

### 一、治理现代化理论

治理现代化理论①包含四个关键方面。一是治理价值，其中民主、法治和科学占据核心地位。治理的根本目的在于更民主、更法治、更科学地治理。二是治理制度，治理现代化是更加系统的治理，通过建立系统性的制度框架来实现治理。三是治理生态，治理需要多中心的积极参与和全方位的协调合作，构建相互协调、相互制衡的良性互动和有序运行的生态系统。四是治理能力②，治理现代化要求具备专业的治理知识和技术，并将这些优势转化为协调各方关系和优化权力配置的实际效能。其中，治理制度和治理能力是最为关键的两个要素。

在大学治理现代化进程中，开展制度化治理至关重要，可以合理配置资源，实现累积治理的有效性。制度化治理意味着在组织治理中减少对人的依赖，更多地依靠并发挥制度的力量，通过科学合理地制定制度、严格执行制度、定期重检制度以实现组织的科学治理。大学治理现代化强调专业化治理，提高资源配置效率，增加利益相关者对大学内部组织治理能力的认同。专业化治理③的实现途径包括以下四个方面：一是培养更多专业化的大学内部治理人才，持续加强学习与培训，使从事治理工作的在岗人才或拟聘用人才具备更多专业技能，更能胜任治理工作；二是保持大学内部治理专业人才的必要流动性，将合适的人才放在合适的岗位上，使每个治理工作岗位能最大程度地招聘到最合适的人才，同时让每个参与治理工作的人才都能最大程度地

---

① 成刚，朱庆环. 学校治理现代化再认识：理论特质与未来趋势 [J]. 中国教育学刊，2021 (4)：5-11.

② 范斌，郭蕊. 高校治理能力现代化：内容与推进路径 [J]. 黑龙江高教研究，2017 (8)：42-45.

③ 吴璇. 论大学治理内部主体专业化取向 [J]. 江苏高教，2022 (12)：59-63.

实现自身价值；三是建立大学内部治理标准化的专业治理工作流程，提高治理人员的工作效能；四是要求大学内部治理与时俱进，不断引入最新的管理模式、操作技能和技术手段，持续提升专业化治理能力。

## 二、组织生态位理论

组织生态位理论是社会学中一个重要分析视角，起源于 20 世纪 70 年代，由 J. Grinnel 提出。该理论的基本思想是，任何组织都可以被视为一个生态系统，其中每个成员或每种力量都占据特定的生态位，即所处的生态位。同时，每个成员或每种力量也都有适合自己的生态位，即所需的生态位。当所处的生态位与所需的生态位相一致时，整个组织的生态环境就会呈现出和谐的状态。一般来说，任何两种成员或两种力量都不可能占据完全相同的生态位，这就是竞争排斥法则。同时，所有成员或所有力量也不可能占据所有的生态位，这就是覆盖性法则。组织生态位理论的核心理念是要求每个成员或每种力量所处的生态位与所需的生态位一致，以实现资源的最优配置。

在大学治理现代化的过程中，为了使利益相关者高度地认同大学内部组织治理，提高资源配置的效率，确保组织中的每个成员或每种力量都能占据适当的生态位，并且每个成员或每种力量所处的生态位与所需的生态位相一致。这意味着政治权力、行政权力、学术力量和民主权力都能够发挥作用，并且发挥作用的途径和效果与组织的目标一致。为了实现这一目标，一方面需要建立健全的治理制度，提升治理能力，为组织的运行提供保障；另一方面，要最大限度地减少信息不对称，通过组织架构的重组、办事流程的重塑、科技手段的引入及科学管理方法的推广等多种方式实现数据与信息共享，降低信息阻碍对决策偏差的影响。此外，构建智能型组织治理平台也非常重要，应以大学组织管理为核心，构建分布式、网络化的智能信息系统。

## 三、多中心治理理论

多中心治理理论①由奥斯特罗姆夫妇提出。该理论的基本思想是，相对于当时盛行的政府或市场单一治理中心理论，采用多中心治理会更具效率。多中心治理理论认为，无论是政府还是市场，如果作为单

---

① 田书芹，王东强. 基于多中心治理理论的新型职业农民职业教育模式比较研究［J］. 教育发展研究，2020，40（21）：77-84.

一治理中心，就会有各自的短板和弊端。由政府作为单一治理中心，就无法有效发挥市场在资源配置中的基础和决定性作用，造成效率的大幅下降；由市场作为单一治理中心，就会使市场外部性产生的问题难以解决，出现大量的市场失灵现象，造成公共物品提供的不可持续。而根据多中心治理理论，政府和市场共同参与，共同作为治理中心负责资源的配置，能够充分结合两者的优势，发挥更好的作用。多中心治理理论作为一种先进的治理理念，可以吸引更多的参与主体，提高组织内部治理能力，无论是在机制设计的有效性，还是在权力资源分配的公平公正性，抑或是在组织决策的科学合理性上，都会较单一中心治理模式有着巨大的优势。大学治理现代化中，为了增加利益相关者对大学内部组织治理的认同，需要构建多元化合作共治机制，使治理主体呈现多元化，紧密结合教育治理现代化的理念，强调多元化主体的共同参与，真正建立起“政治权力、行政权力、学术力量和民主权力”并举的多中心治理机制。

## 四、新公共管理①理论

新公共管理理论②主张在大学内部组织治理中引入市场机制和企业管理方法，以提升大学的效益。市场机制的引入可以促使大学更加注重资源的有效配置和利用，通过竞争机制，大学可以更好地激发教师和学生的积极性，提高教学和研究质量。同时，市场机制还可以促进大学与社会的紧密联系，更好地满足社会对人才和知识的需求。企业管理方法的应用可以帮助大学提高管理效率和决策水平。例如，采用目标管理、绩效管理等方法，可以明确大学的发展目标和任务，提高工作效率和质量。此外，企业管理中的人力资源管理、财务管理等方法也可以为大学提供有益的借鉴。

在大学内部组织治理中，引入市场机制和企业管理方法需注意以下几点：一是要坚持大学的公益性质。大学是培养人才、传播知识和推动社会进步的重要机构，其公益性质不能改变。在引入市场机制和企业管理方法时，要确保大学的教育质量和社会效益不受影响。二是

① 朱贺玲，袁本涛．新公共管理及其对大学治理的影响：德、英、美三国的经验［J］．中国高教研究，2018（3）：24-30.

② 高娟．新公共管理理论视域下高等教育行政管理体制研究［J］．黑龙江高教研究，2016（2）：62-65.

要注重学术自由和创新。大学是学术研究和创新的重要场所，学术自由和创新是大学发展的核心动力。在引入市场机制和企业管理方法时，要充分尊重学术自由和创新，为教师和学生提供良好的学术环境和创新平台。三是要加强制度建设和监督管理。引入市场机制和企业管理方法需要建立健全相应的制度和机制，确保大学的内部组织治理合法、规范和有序。

## 五、利益相关者理论

利益相关者理论①是20世纪60年代左右，在美国、英国②等长期奉行外部控制型公司治理模式的国家中逐步发展起来的。利益相关者理论认为，企业的目的不能仅限于股东利益最大化，应该同时考虑其他利益相关者，如员工、供应商、客户、社区的利益，因为这些利益相关者对企业的生存和发展都有着重要的影响，如果企业只关注股东利益，而忽视了其他利益相关者的利益，就可能导致企业的长期发展受到限制（慕益廷，2023）③。

利益相关者理论的不断丰富，使得该理论的适用范围从企业逐步扩展到社会其他组织，本书认为利益相关者理论可以为大学内部组织治理提供相应的理论指导，主要基于以下几点依据：一是大学的利益相关者包括学生、教师、行政人员、校友、捐赠者、政府、企业等，这些利益相关者对大学的发展和成功都有着重要的影响；二是在大学内部组织治理中，需要合理分配不同利益相关者的权力和责任。学生和教师应该在教学和学术事务中拥有一定的话语权；行政人员应该负责学校的日常管理和服务；校友和捐赠者应该在学校的发展规划和决策中拥有一定的参与权；政府应该通过法律法规和政策引导大学的发展；企业应该与大学建立合作关系，共同开展科研和人才培养。因此，为了实现大学内部组织治理的有效性，需要建立利益协调机制，这包括建立沟通渠道、协商机制和决策程序等，以确保不同利益相关者的

① 童卫丰，张璐，施俊庆．利益与合力：基于利益相关者理论的产教融合及其实施路径［J］．教育发展研究，2022，42（17）：67-73．

② 王孝武，朱镜人．英国大学内部治理模式的历史演进路径［J］．河北师范大学学报（教育科学版），2015，17（4）：107-111．

③ 慕益廷．我国农林高校学生参与学校内部治理研究［D］．哈尔滨：东北林业大学，2023．

利益诉求得到充分表达和尊重，同时实现大学整体利益最大化。

## 第二节 大学治理现代化的内涵与特征

大学治理现代化关乎我国从教育大国到教育强国的转变，这既是国家治理体系和治理能力现代化对大学内部治理提出的目标和要求，也是积极响应“办好人民满意的教育”的群众诉求的必然举措，更是在中国大地上办好中国特色社会主义大学的根本保障（贾志斌，2024）①。大学治理现代化是指在大学治理过程中，运用现代管理理念、方法和技术，实现大学治理的科学化、民主化、法治化和信息化，提高大学治理的效能，以促进大学的可持续发展。

大学治理现代化的内涵包括以下几个方面：（1）治理理念现代化：树立以人为本、服务社会和追求卓越的治理理念，注重学生全面发展和社会的需求，强调大学的社会责任和使命。（2）治理结构现代化：建立健全党委领导、校长负责、教授治学、民主管理的治理结构，明确各治理主体的职责和权限，形成相互协调、相互制约的治理机制。（3）治理制度现代化：完善大学的章程、规章制度和工作流程，建立科学、规范、透明的治理制度体系，确保大学治理的合法性、公正性和有效性。（4）治理方法现代化：运用目标管理、绩效管理、信息化管理等现代管理方法和技术，提高大学治理的效率和质量，实现大学治理的科学化和精细化。（5）治理文化现代化：培育和弘扬现代大学精神，营造民主、开放、包容和创新的治理文化氛围，增强师生的参与意识和责任感，促进大学治理的民主化和法治化。

大学治理现代化的特征包括以下几个方面：（1）科学性：大学治理现代化遵循科学的治理理念和方法，注重运用现代管理科学、教育学②和社会学等多学科的知识和理论，提高治理的科学性和有效性。（2）民主性：大学治理现代化强调民主参与和民主决策，建立健全师生参与治理的机制和平台，充分听取师生的意见和建议，提高治理的民主化程度。（3）法治化：大学治理现代化遵循法律法规和规章制度，

① 贾志斌. 数智赋能的高等教育治理现代化：推进机制与实践理路［J］. 中国电化教育，2024（8）：80-86.

② 陈昕. 从汨罗素质教育学什么：基于教育行政伦理的视角［J］. 中国教育学刊，2007（8）：8-12.

建立健全依法治理的机制和体系，确保治理的合法性和公正性。（4）信息化：大学治理现代化运用现代信息技术，建立健全信息化治理的平台和系统，提高治理的效率和质量，实现治理的信息化和智能化。（5）开放性：大学治理现代化强调开放合作和国际交流，积极借鉴国际先进的治理经验和做法，加强与国内外[①]高校、企业和政府的合作与交流，提高治理国际化水平。

## 一、新型举国体制与大学治理现代化的关系

我国高等教育高质量发展需要探索具有中国特色的高等教育治理现代化体系，但在实践中，我国高等教育治理模式中的"中国元素"仍然存在不足。新型举国体制作为中国式现代化的核心内容和实践机制，为我国高等教育治理现代化的本土化创新提供了依据（张继明，2023）[②]。新型举国体制与大学治理现代化之间存在紧密的联系。新型举国体制强调国家在科技创新、经济发展等关键领域发挥主导作用，通过集中资源、协同创新等手段实现国家战略目标，而大学作为国家创新体系的核心组成部分，在新型举国体制中扮演着不可或缺的角色。一方面，新型举国体制为大学治理现代化提供了重要契机。在这一体制下，国家需加大对大学的投入和支持力度，为大学提供更丰富的资源和更优惠的政策环境，有助于大学改善办学条件、提升科研实力和加强人才培养，推动大学治理现代化进程。另一方面，大学治理现代化为新型举国体制的有效实施提供了有力支撑。大学作为知识创新和人才培养的重要场所，具有独特的优势和潜力，通过推进大学治理现代化，提高大学管理水平和创新能力，能够更好地发挥大学在新型举国体制中的作用，为国家的科技创新和经济发展贡献更多力量。

新型举国体制与大学治理现代化的关系体现在以下几个方面。首先，新型举国体制为大学带来更多资源与支持。国家在科技研发、人才培养等领域的投入增加，让大学能更有效地开展教学与科研工作。同时，国家可以借助政策引导和项目支持，激励大学与企业、科研机构合作，形成协同创新的强大合力。其次，大学治理现代化提升大学

① 梁戈，张艳．中西方古代教育思想比较的新视野［J］．吉林教育科学，1999（7）：36-39．

② 张继明．中国式高等教育治理现代化的现实审视与集群化建设：基于新型举国体制的视角［J］．大学教育科学，2023（3）：13-21．

的创新能力与竞争力。构建科学的治理结构和管理制度，能优化资源配置，激发教师和学生的创新活力，还能适应新型举国体制的要求，为国家的科技创新和经济发展提供有力支撑。再次，新型举国体制和大学治理现代化注重协同创新。在新型举国体制下，国家需要整合各方资源，大学作为知识创新的重要源头，需要与企业、科研机构等建立紧密的合作关系，共同开展科研项目和技术创新，实现产学研的深度融合。最后，新型举国体制和大学治理现代化需要重视人才的培养。国家的科技创新和经济发展离不开高素质人才的支持。大学作为人才培养的重要基地，需要通过改革教育教学模式，提高人才培养质量，为国家培养更多具有创新精神和实践能力的高素质人才。

综上所述，新型举国体制与大学治理现代化之间相互促进、相辅相成。在推进新型举国体制的过程中，需要高度重视大学治理现代化，充分发挥大学的作用，为国家的科技创新和经济发展提供坚实的支撑。同时，大学也需要积极适应新型举国体制的要求，不断推进自身治理现代化，提高创新能力和竞争力，为实现国家战略目标做出更大的贡献。

## 二、数字化时代对大学治理现代化的新要求

数字化时代，为大学治理现代化带来了机遇和挑战。一方面，数字化技术的发展为大学治理提供了技术支持，大学能够更高效地获取、处理和分析信息，提高管理效率和决策质量。另一方面，数字化时代也对大学治理提出了更高的要求，需要大学不断创新治理理念和治理模式，以适应数字化时代的发展需求。

1. 信息化基础设施建设。大学需要加强信息化基础设施建设，包括网络、服务器和数据库等，以支持数字化教学、科研和管理。同时，大学还需要加强信息化安全保障体系建设，确保信息化系统安全稳定运行。

2. 数据治理和管理。大学需要建立完善的数据治理和管理体系，确保数据的准确性、完整性和安全性，同时提高数据的可用性和共享性。数据治理和管理是数字化时代大学治理的重要基础，建立完善的数据治理和管理体系，发挥数据的价值，为大学治理提供决策支持。

3. 数字化教学和学习。大学需要积极推动数字化教学和学习，包括在线课程、虚拟实验室和智能教学系统等，以提高教学质量和效率。

数字化教学和学习是数字化时代大学教学的重要趋势，积极推动数字化教学和学习，满足学生的学习需求，提高教学质量和学生满意度。

4. 数字化科研和创新。大学需要加强数字化科研和创新，包括科研数据管理、科研协作平台和科研成果转化等，以提高科研水平和创新能力。数字化科研和创新是数字化时代大学科研的重要方向，加强数字化科研和创新，发挥大学的科研优势，提高科研水平和创新能力。

5. 数字化管理和服务。大学需要建立数字化管理和服务体系，包括学生管理、教职工管理、财务管理和后勤管理等，提高管理效率和服务质量。数字化管理和服务是数字化时代大学管理的重要内容，建立数字化管理和服务体系，提高管理效率和服务质量，为大学的发展提供有力支持。

6. 信息安全和隐私保护。大学需要加强信息安全和隐私保护，建立完善的信息安全管理体系，确保师生的个人信息和学校的重要数据得到有效保护。信息安全和隐私保护是数字化时代大学治理的重要条件，加强信息安全和隐私保护，保障师生的合法权益，维护学校的安全稳定。

7. 数字化素养和能力培养。大学需要加强师生的数字化素养和能力培养，使其包括信息技术应用能力、数据分析能力和信息安全意识等，适应数字化时代的发展要求。数字化素养和能力培养是数字化时代大学教育的重要任务，加强师生的数字化素养和能力培养，使其适应数字化时代的发展要求，提高师生的综合素质和竞争力。

8. 开放合作和资源共享。大学需要积极开展开放合作和资源共享，与国内外高校、科研机构和企业建立合作关系，共同推动数字化时代的大学治理现代化。开放合作和资源共享是数字化时代大学发展的重要途径，开展开放合作和资源共享，整合各方资源，提高大学的综合实力和竞争力。

大学需要积极应对，加强信息化建设，提高数字化素养和能力，推动数字化教学①、科研和管理，适应数字化时代的发展要求，推进大学治理现代化，提高大学的综合实力和竞争力，为社会培养更多高素

① 苟江凤，杨九民，李荣娜，等. 智能技术支持的师范生数字化教学能力提升：期望价值信念的作用 [J]. 中国电化教育，2024 (8)：56-61.

质的人才。

## 第三节　大学内部组织的边界与内涵

### 一、大学内部组织治理的边界

大学内部组织的边界，是大学内部与外部环境的分界线，包括学科边界、行政边界和学术边界。学科边界指不同学科之间的界限①，反映学科之间的差异和联系；行政边界指大学内部行政部门之间的界限，反映行政部门之间的职责和权力；学术边界指学术领域之间的界限，反映学术领域之间的差异和联系。依据组织社会学理论，大学内部组织边界的设定，需同时兼顾合法性指标与效率性指标。合法性指标旨在确保大学能获得外部环境的接纳与认可，在外部空间中找到适宜的位置，接受外部环境的相关规则，更好地适应外部环境的变化；效率性指标旨在确保大学发展的独特性与独立性，使大学能充分依据自身的具体情况，确定最合适的治理结构，实施最合适的战略，实现差异化、个性化和效率化。

若将大学内部组织边界设定得过于宽泛，合法性的要求较易得到满足，但效率性的要求难以得到有效执行；同理，若将大学内部组织边界设定得过于狭隘，效率性的要求较易得到满足，但合法性的要求难以得到有效执行。因此，为兼顾合法性与效率性，并结合我国大学的实际状况，本书将大学内部组织的边界界定为大学的职能部门、教学科研及其辅助机构。

### 二、大学内部组织治理的内涵

大学内部组织治理的内涵丰富多样，涵盖价值导向、治理生态、治理制度和治理能力等关键要素。

首先，价值导向在整个大学内部组织治理中发挥着统领全局的核心作用。大学在内部治理过程中选定的价值导向，例如是以行政效率为首要目标还是以追求个体自我实现为核心导向，在很大程度上决定其治理生态、治理制度乃至治理能力的演进方向。其次，治理生态是

① 饶佩．坚守还是放弃：关于高等教育学科边界的思考［J］．江苏高教，2024（3）：12-24.

大学在确立价值导向后，进一步构建的治理模式。包括以行政权力为中心还是以学术权威为核心，是推行一元化的集中治理还是倡导多元化的共同参与，是运用命令式的强制管理还是实行民主式的协商治理等重要决策。再次，治理制度是服务于价值导向和治理生态而设计的一系列规则和机制。涉及如何在大学内部的利益相关者之间，对政治权力、行政权力、学术力量和民主权力等各种权力进行统筹协调、合理分配，制定出能够实现利益均衡的制度安排，确保大学管理的顺畅运行。最后，治理能力体现了治理的专业化水平和效能。包括能否采取有效的措施强化大学内部组织治理的目标激励机制，能否提升行政型组织的执行力，以及能否增强学术型组织的影响力等方面。

## 第四节　大学内部组织治理的主体与客体

大学内部组织治理的主体包括大学管理层、教师、学生和行政人员等，而客体则包括教学资源、科研资源、人力资源和财务资源等。大学内部组织治理是一个复杂的系统工程，需要大学内部各利益相关者共同努力。有效的治理，能实现大学的可持续发展。

### 一、大学内部组织治理的主体

大学内部组织治理的主体来自大学的利益相关者。大学的利益相关者，指的是与大学内部组织相关的个人和群体，例如党委、行政机关等。大学通过一系列的制度安排，明确相互之间的关系，以及在组织治理结构中所处的地位。与大学存在合作关系的当事人或利益相关者，都有机会成为治理主体，然而，治理主体仅仅是利益相关者的一个子集。本书将大学治理的主体设定为大学党委及内部各级党组织、校长及内部各级行政管理人员、学术研究人员、全体教职工和学生，以及由这些人员组合构成的党委会、校长办公会、学术委员会、教职工代表大会和学生会等集体组织。

#### （一）大学管理层

大学管理层是大学内部治理的核心主体，包括校长、副校长、院长、系主任等。他们负责制定学校的发展战略和规划，组织和管理学校的教学、科研和行政等工作，协调学校内部各部门之间的关系，推动学校的发展和进步。

### （二）教师

教师是大学教学和科研的主要力量，也是大学内部组织治理的重要主体。他们承担着传授知识、培养人才的重要使命，参与大学的教学、科研和管理工作，对大学的发展具有重要影响力。

在教学方面，教师是学生学习的指导者和引路人，激发学生的学习兴趣和积极性，帮助学生掌握专业知识和技能，培养学生的创新思维和实践能力。在科研方面，教师是大学科研的主力军，通过科学研究、技术创新等活动，推动学科建设和发展，提高学校的学术水平和科研实力。在管理方面，教师是大学内部组织治理的重要参与者，通过参与学校的教学管理、科研管理、人事管理和财务管理等工作，为学校的发展和决策提供重要的建议和支持。

### （三）学生

学生是大学的重要组成部分，是大学内部组织治理的重要主体。在教学方面，学生是教学活动的主体，其学习态度、学习方法和学习效果直接影响着教学质量和教学效果。因此，大学应该重视学生的教学参与，鼓励学生积极参与课堂教学、实验教学、实习教学等教学活动，提高学生的学习兴趣和学习效果。在管理方面，学生是大学管理的重要参与者，其意见和建议对大学的管理决策具有重要的参考价值。因此，大学应该重视学生的管理参与，鼓励学生积极参与学校的管理工作，提高学生的管理能力和管理水平。

### （四）行政人员

行政人员是大学行政管理的主要力量和大学内部组织治理的重要主体，承担着学校日常运营和管理的重要职责。行政人员包括校长、副校长、教务处长、学生处长、财务处长等，参与学校的决策和管理过程，对学校的发展和稳定起着重要的作用。行政人员需要具备良好的组织管理能力、沟通协调能力和服务意识，能够有效地协调学校内部各部门之间的关系，为学校发展提供有力的支持和保障。

## 二、大学内部组织治理的客体

大学内部组织治理的客体，是指大学内部权力与资源的分配状况，以及与之相对应的权力、责任和利益之间的关系。具体而言，就是所有参与大学内部组织治理的主体，在大学内部的组织治理框架体系中，处于何种地位和位置，掌握何种资源，享有哪些权力，应当履行哪些工作职责，或者起到什么样的职能作用等。此外，大学内部组织治理的客体还涵盖了大学的各种资源，包括教学资源、科研资源、人力资源和财务资源等，是大学办学的基础。

**（一）教学资源**

教学资源作为大学教学的关键基石，涵盖多种内容。其中，教室、实验室以及图书馆等教学设施和设备，为学生提供了实践操作和知识探索的重要场所。这些设施的完善程度和先进水平，直接影响着教学质量和学生的学习效果。此外，教材、教学软件等教学资源也不可或缺。优质的教材能够系统地传授知识，帮助学生构建扎实的理论基础；先进的教学软件可以丰富教学形式，提高教学效率。这些教学资源的有效整合和合理利用，对于大学教学的顺利开展具有重要意义。学校应加大对教学资源的投入，不断更新和完善设施设备，积极引进优质的教材和教学软件。教师也应充分利用这些资源，创新教学方法，提高教学质量，为学生的成长和发展提供有力支持。

**（二）科研资源**

科研资源是大学开展科研工作的重要内容，涵盖多个方面。其中，科研项目是推动科研进展的核心动力，为学者们提供了明确的研究方向和目标。科研经费为项目的实施提供了必要的资金支持，确保研究工作能够顺利进行。科研设备作为科研资源的重要组成部分，为科研人员提供了先进的技术手段和实验条件。这些设备的先进程度和性能直接影响着科研成果的质量和水平。此外，科研资源还包括科研团队、科研数据和科研平台等多个方面。科研团队的协作和创新能力、科研数据的准确性和可靠性、科研平台的开放性和共享性，都对科研工作的开展产生着重要影响。总之，科研资源是大学科研工作的重要支撑，对于提高科研水平、培养创新人才、推动科技进步具有重要意义。大学应加强对科研资源的管理和利用，提高资源的使用效率和效益，为科研工作的顺利开展提供有力保障。

**（三）人力资源**

人力资源是大学发展的重要基础，涵盖教师、学生、行政人员等多元的人力资源。教师作为大学教育的核心力量，是传授知识、培养学生思维能力和创新精神的引导者，其教学水平和专业素养直接影响着学生的成长和发展。学生是大学的主体，其学习态度和综合素质决定了大学的教育质量和社会声誉。积极进取的学生群体能够营造良好的学习氛围，促进学术交流，培养创新思维。行政人员是大学管理和服务的重要力量，其工作效率和服务质量直接影响着大学的日常运营和发展。高效的行政管理能够为教师和学生提供更好的支持和保障。教师、学生和行政人员等人力资源的协同合作和共同发展，对大学的教育质量、学术研究和社会服务具有重要意义。因此，大学应重视人力资源的管理和发展，提供良好的工作环境和发展机会，实现大学的可持续发展和社会价值的最大化。

**（四）财务资源**

财务资源是大学可持续发展的关键部分，涵盖学校的财政收入和支出等各个方面。充足的财政收入是大学正常运转的关键，包括学费收入、科研经费、捐赠款项以及其他各种资金来源。这些收入为大学提供了开展教学、科研和社会服务活动的必要资金支持。合理的财政支出规划同样至关重要，学校需要合理分配资金，用于教学设施改善、师资队伍建设、学术研究投入以及学生资助等方面。通过科学的预算管理和资源配置，大学能够确保资金的有效利用，提高教育质量和学术水平。此外，财务资源的管理还涉及风险防控和可持续发展。大学需要建立健全的财务管理制度，加强财务监督和审计，防范财务风险。同时，学校要积极寻求多元化的收入来源，提高财务稳定性和抗风险能力。总之，财务资源对于大学的发展十分重要，只有合理规划和有效管理财务资源，大学才能在教育领域中不断前进，为社会培养更多优秀的人才。

## 第五节　治理现代化大学内部组织治理的理论框架

治理现代化视域要求大学内部组织治理构建一个科学合理、严谨完备的理论框架，以应对日益复杂的内外部环境和多样化的治理需求，其主要涵盖以下几个关键方面。

1. 治理结构①：明确界定各治理主体的职责和权力范围。治理结构是大学内部各治理主体之间的相互关系和权力分配体系，是大学内部组织治理的基础。合理的治理结构能够确保各治理主体之间的协调

① 张雷生. 世界一流大学法人内部治理结构研究［J］. 现代教育管理，2024（8）：1-13.

运作，提高治理效率和效果。

2. 治理机制[①]：建立有效的决策、执行和监督机制。治理机制是大学内部各治理主体之间的协调运作和互动交流机制，是大学内部组织治理的核心。有效的治理机制能够确保决策的科学性、执行的高效性和监督的有效性，提高治理的科学性、民主性、法治性和有效性。

3. 治理文化[②]：培育积极向上、富有活力的治理文化。治理文化是大学内部各治理主体共同秉持的价值观念和行为准则，是大学内部组织治理的灵魂。积极向上、富有活力的治理文化能够凝聚各治理主体的共识，提高治理的凝聚力和向心力。

4. 治理评价[③]：建立科学合理、客观公正的治理评价体系。治理评价是对大学内部组织治理的实际效果进行全面评估和及时反馈，是大学内部组织治理的重要环节。科学合理、客观公正的治理评价体系能够及时发现治理中存在的问题和不足，为治理的持续改进和不断提高提供依据。

大学内部组织治理需要构建一个科学合理、严谨完备的理论框架，以提高治理效率和水平，实现大学的可持续发展。这个理论框架涵盖治理结构、治理机制、治理文化和治理评价等方面，同时需要不断地进行优化和完善。

---

① 刘志芳，孙银光. 高校教师科研评价不良治理机制生成机理与优化路径 [J]. 大学教育科学，2024 (4)：58-66.

② 牛军明. 大学文化治理：大学治理范式转型的重要路径 [J]. 江苏高教，2022 (8)：45-52.

③ 刘晏如，宋丹，赵哲. 学生参与大学治理的动力因素探析：基于辽宁省高校的实证研究 [J]. 高教发展与评估，2022，38 (2)：10-23.

# 第二章 大学内部组织治理的现状、问题与国外案例

## 第一节 我国大学内部组织治理的发展历程

### 一、古代书院时期（960—1911 年）

古代书院[①]作为中国封建社会特有的教育组织形式，起源于唐，兴盛于宋，延续至明清时期。书院的内部组织治理主要由山长、堂长、学长等管理人员负责，他们承担书院教学、管理和运营等重要工作。

### 二、近代大学时期（1912—1949 年）

1912 年，中华民国成立，我国开始近代化进程。我国开始借鉴西方大学制度，逐步建立董事会、校长、教授会等内部组织治理机构，这标志着我国大学内部组织治理开始迈向现代化。大学开始重视学术自由和学术自治，教授会等学术机构在大学内部组织治理中发挥关键作用。

### 三、新中国成立后（1949—1978 年）

在新中国成立后 70 多年的发展进程中，文化观念和社会认知从以"政治为中心"转变为"政治与经济并重"，对我国大学治理制度的设计和变迁产生重大影响（郭丽君和周建力，2022）[②]。在计划经济时期，我国的大学实行党委领导下的校长负责制，大学的内部组织治理主要由党委和行政部门负责。我国大学注重政治教育和思想政治工作，党委在大学内部组织治理中扮演重要角色。

### 四、改革开放后（1978 年至今）

1978 年，党的十一届三中全会召开，会议强调教育的重要性，提

---

① 刘海燕，刘怡冷，胡智强，等．"学生能动性"培养：大学书院育人的重要着力点［J］．江苏高教，2022（11）：91-98.

② 郭丽君，周建力．大学治理制度变迁的历史脉络、影响机制与发展路径：基于历史制度主义的分析范式［J］．大学教育科学，2022（6）：25-33.

出要提高教育质量，加强师资队伍建设，推动教育改革，这为我国大学内部组织治理的改革和发展提供了重要的指导思想。改革开放以来，我国大学内部组织治理开始朝着现代化、民主化、科学化的方向迈进。我国大学开始注重民主管理和民主监督，教职工代表大会等民主机构在大学内部组织治理中发挥积极作用。

进入 21 世纪，我国的大学内部组织治理开始向国际化、信息化、法治化的方向发展。2019 年，中共中央、国务院印发的《中国教育现代化 2035》明确提出，到 2035 年形成全社会共同参与的教育治理新格局，为大学内部治理①多元化指明方向，大学内部组织治理趋向于党委领导的校长负责制，逐步形成教授治学、师生参与、社会参与的多元共治格局，外部治理向着全社会共同参与的多元共享的治理局面发展（郭丽君和周建力，2022）。此外，我国大学更加重视法治化建设和法治化管理，法治化管理机构在大学内部组织治理中发挥了重要作用。在这一发展过程中，科教兴国、人才强国战略的提出和实施，对我国大学内部组织治理产生了深远影响。科教兴国战略强调科学技术和教育在国家发展中的核心地位，促使大学更加注重科研创新和人才培养；人才强国战略明确培养高素质人才的重要性，推动大学加强师资队伍建设，提高教育质量。

我国大学内部组织治理的发展历程是一个不断改革和调整的过程。在这个过程中，我国的大学内部组织治理不断向现代化、民主化、科学化、国际化、信息化、法治化的方向迈进，也在不断适应社会发展和时代需求。在未来的发展中，我国大学将继续贯彻科教兴国、人才强国战略，不断完善内部组织治理，提高高等教育质量，为国家的发展培养更多优秀的人才。

## 第二节 大学内部组织治理的现状调查

通过问卷调查②，本书对部分具有代表性的大学的内部组织治理情况进行分析，样本涵盖综合类大学、理工类大学、科技类大学和师范类大学等。样本选择的原则和理由：一方面是样本高校的全面性，尽

① 王承就．协商民主与我国公办大学内部治理［J］．高教探索，2016（11）：5-10.
② 调查问卷见附录。

可能涵盖文科综合类、理工技术类、理工综合类和师范类等多个类型，力求研究内容具有普适性；另一方面是样本高校的可得性，考虑到研究成本和资料收集难易等因素，本书在选择具体样本时以 WH 本地的高校为主。

## 一、文科综合性大学以 WH 大学为例

WH 大学在内部组织治理结构上采用校—院—系三级分层管理和职能部门直线职能型科层管理相结合的方式。这种管理模式强调行政效率，通过垂直式的、由上到下的纵向信息传递来完成学校的各项工作。学校设置了党务部门 11 个、行政部门 19 个、工团组织 2 个，其中党政办公室既属于党务部门，也属于行政部门。其主要职责是贯彻落实党委决议和校长办公会议部署，综合协调党委和行政各项工作，在学校整体事业发展中起到核心组织作用。

在学部设置方面，学校设置了 6 个学部共 41 个学院，另设有跨学科的弘毅学堂。这些学部和学院由各学院书记和院长具体负责，各系组织实施本院系的人才培养、科学研究和社会服务工作。在实际运行中，纵向权力分配并不均衡，学校行政干预频繁，院系与行政机关协调难，张力大，效率低。在学术机构方面，大学学术委员会是校内最高学术机构，在 6 个学部均设置部分委员会，行使学术事务的决策、审议、评定和咨询等职权。在实际运行中，行政力量对学术力量干预过多，影响学术委员会的独立性和权威性。学校还设置了校友总会和基金会，旨在实现社会力量广泛参与的多元化合作共治。在实际运行中，学校并没有建立起专业化的管理人员队伍和良好的董事会制度，学校信息透明度较低，社会中介机构难以参与内部组织治理监督评估，校内民主权利也难以得到保障，校内主体参与程度低，内部组织治理价值导向模糊，主体多元化尚未形成。

WH 大学在内部组织治理结构上存在一些问题，需要进一步改进和完善。学校应加强学部和学院的自主权，减少行政干预，提高协调效率；加强学术委员会的独立性和权威性，减少行政力量对学术事务的干预；建立专业化的管理人员队伍，运行良好的董事会制度，提高学校信息透明度，保障校内民主权利，促进校内主体参与，形成多元化的内部组织治理结构。

## 二、理工技术类大学以 WH 理工大学为例

WH 理工大学在内部组织治理价值导向方面存在一些问题。虽然学校提倡现代价值导向，但实际上行政效率导向更为突出，行政力量对学校的干预较多，这在一定程度上影响了学校的专业化发展。

学校设置了综合部门 3 个、党群部门 8 个、行政部门 13 个，其中党政办公室作为党委和行政工作的总组织协调部门，负责处理学校的日常事务。然而，在实际运作中，行政部门的权力过于集中，导致学校的决策过程不够民主，学术力量的参与度较低。

在院系设置方面，学校设置了 30 个学院，每个学院都由书记和院长具体负责本学院的人才培养、科学研究和社会服务工作。然而，由于纵向权力分配不合理，学校行政干预频繁，学院的自主权受到了一定的限制，这不利于学院的特色发展和创新能力的提升；在学术力量方面，学校设置了 WH 理工大学学术委员会作为校内最高学术机构。学术委员会由 25 名成员组成，均是本校的在教学科研一线的教授及具有正高级以上专业技术职务的人员。然而，行政力量对学术力量的干预过多，在一定程度上影响了学术委员会的独立性和权威性。此外，校学术委员会设秘书处负责处理日常事务，秘书处领导由主管校领导、职能部门负责人担任，这也在一定程度上削弱了学术委员会的独立性。在其他治理方面，学校同样缺乏符合治理现代化要求的高度专业化的管理人员队伍。学校信息透明度较低，社会中介机构难以参与内部组织治理监督评估，校内民主权利也难以得到保障，校内主体参与程度低，内部组织治理主体多元化尚未形成。

WH 理工大学在高校内部组织治理价值导向方面存在一些问题，需要进一步加强现代价值导向，提高行政效率，减少行政干预，增强学术独立性和权威性，加强管理人员队伍建设，完善董事会制度，提高学校信息透明度，保障校内民主权力，促进校内主体参与，形成多元化的内部组织治理结构。

## 三、理工综合类大学以 HZ 科技大学为例

HZ 科技大学在内部组织治理价值导向方面存在一些问题。学校在倡导现代化价值导向，但实际上行政效率导向更为明显，行政力量在大学内部组织中拥有较大的政策话语权，在一定程度上影响内部组织

治理的专业化水平。

学校设有5个党群部门和25个行政部门。与WH大学及WH理工大学不同的是，党委办公室和校长办公室是分开设立的，分别作为学校党委和行政的综合办事机构。为了方便沟通交流，采取合署办公的方式。

在院系设置方面，学校设立了45个学院，由学院书记和院长具体负责本学院的人才培养、科学研究和社会服务工作。纵向权力分配并不合理，校级领导层面的行政权力相对集中；大学学术委员会是校内最高学术机构，在各个相关院（系）中建立了学科分委员会。由于受到党政管理力量对学术力量的干预，HZ科技大学的学术委员会需要接受学校党委的领导。对于重大议题，即使经过校学术委员会审议通过，还必须提交校长办公会或党委常委会讨论才能生效。学校分管有关学术工作的负责人在校学术委员会中也占据重要位置。在其他方面，学校内部组织治理的整体性还不够强，管理人员队伍的现代化治理水平也存在差距。学校信息主动公开的透明度较低，社会中介机构难以参与内部组织治理的监督评估。校内民主形式虽然多样，但管理实效不理想，校内不同主体参与治理的积极性不高，参与度较低，内部组织治理主体多元化尚未形成。

HZ科技大学在高校内部组织治理价值导向、权力分配、学术委员会运作、整体性和民主参与等方面存在一些问题，需要进一步加强现代化价值导向，优化权力结构①，提高学术委员会的独立性，增强管理人员队伍的治理能力，提高信息透明度，促进校内主体的积极参与，以实现更加科学、民主和高效的内部组织治理。

## 四、师范类大学以HZ师范大学为例

HZ师范大学共设置5个党群部门和35个行政部门。在学校党委和行政的综合办事机构设置上，HZ师范大学与WH大学、WH理工大学以及HZ科技大学都有所不同。具体来说，学校分别设立机关党委和学校办公室，前者负责学校党委的工作，后者负责行政工作。机关党委和学校办公室实行合署办公，由学校办公室主任兼任机关党委

① 别敦荣. 我国高等教育行政权力结构及其改革［J］. 清华大学教育研究，1998（2）：59-65.

书记，以确保党政领导的统一。

在院系设置方面，HZ 师范大学共设立 31 个学院，每个学院都由书记和院长具体负责本学院的人才培养、科学研究和社会服务工作。在学术力量方面，学校设立 HZ 师范大学学术委员会，并在各个相关院（系）中建立基层学术委员会作为学院的最高学术机构。也存在行政力量对学术力量进行干预的现象。HZ 师范大学校学术委员会的委员构成较为多元化，其中总数不超过 40 人，担任学校及职能部门党政领导职务的委员不超过 1/4，不担任党政领导职务及学院主要负责人的专任教授不少于 1/2，此外还有采取席位制的 5 名学生委员可以列席校学术委员会。在其他方面，学校同样没有建立起专业化的管理人员队伍以及运行良好的董事会制度，学校信息透明度较低，社会中介机构难以参与内部组织治理的监督评估，校内民主权利也难以得到保障，校内主体参与度较低，内部组织治理主体多元化尚未形成。

从对考察样本高校内部治理①情况的分析来看，HZ 师范大学存在内部组织治理价值导向模糊、内部组织治理主体多元化尚未形成、内部组织类型与现代大学治理制度不匹配以及内部组织治理专业化程度不高等问题，需要重新审视和调整校级领导层面的行政权力，确保权力分配更加合理和均衡，同时减少行政力量对学术委员会的干预，确保其能够独立行使学术决策的权力，建立多元化的监督评估机制，推动内部组织治理的专业化。

## 第三节　大学内部组织治理存在的问题

### 一、与教育科技人才体制机制改革的不适应性分析

#### （一）权力集中与创新需求的矛盾

在现代大学内部治理②的进程中，亟须处理的问题是大学内部的权力分配问题，其中尤以校院两级权力的分配问题最为显著。长期以来，学院的决策、执行和监督等权力均在学校的掌控下行使（庞苇和季孟

① 郑宁，付义朝．现代大学内部治理中的价值平衡和制度设计［J］．中国高等教育，2016（Z1）：30-33．

② 曾维华，王云兰，蒋琴．大学去行政化的拐点：优化大学内部治理结构［J］．广西社会科学，2017（1）：205-209．

蒙，2023)①，权力过度集中，导致基层组织和个人的创新空间受到极大限制，难以充分发挥积极性和创造性。

### （二）利益冲突与协同创新的障碍

现代大学内部治理的最终目标是在调和多元利益冲突的进程中实现各项工作的高效完成，使各个治理主体权力均衡（殷科，2017)②，但是不同利益群体之间的利益冲突，会对协同创新的推进产生不利影响。例如，教学与科研之间、不同学科之间、教师与行政人员之间，都可能存在利益不一致的情况，从而导致资源分配不均衡、合作不顺畅等问题，严重制约了教育科技人才的协同发展。

### （三）缺乏沟通与信息共享的困境

有效的沟通和信息共享对于教育科技人才体制机制改革来说至关重要。然而，大学内部组织之间存在着沟通不畅、信息不对称等问题，会导致决策缺乏依据、工作重复、资源浪费等情况，影响改革的顺利实施。

### （四）制度不完善与激励机制的缺失

教育科技人才体制机制改革需要完善的制度保障和激励机制。大学内部组织治理制度不够健全，缺乏对教育科技人才的激励措施，如薪酬待遇、职称评定、科研经费等方面的支持，使得大学难以吸引和留住优秀人才，也不利于激发人才的创新活力。

### （五）人员素质与能力提升的挑战

教育科技人才体制机制改革对大学内部组织人员的素质和能力提出了更高的要求。但部分人员存在观念陈旧、知识结构不合理、创新能力不足等问题，难以适应改革的需要，缺乏有效的培训和发展机制，限制了人员素质和能力的提升。

## 二、学术治理的问题

### （一）学术权力与行政权力③的失衡

大学内部治理的关键问题在于如何平衡学术权力与行政权力（杨

---

① 庞苇，季孟蒙．稷下学宫办学特点及对现代大学内部治理的启示［J］．黑龙江教师发展学院学报，2023，42（12）：5-7.

② 殷科，唐文静．基于微信平台提升大学生思想政治教育实效性的途径探析［J］．学校党建与思想教育，2017（2）：68-69.

③ 贾玉明，王佳方．高校学术权力与行政权力的诉求冲突与调和［J］．现代教育管理，2016（7）：34-39.

一鸣和张振华，2023)①。行政权力过于集中，对学术事务的干预过多，会导致学术权力相对较弱，限制教师和学者在学术决策中的参与度，影响学术发展和创新。大学管理呈现出过于浓厚的“机关化”色彩，致使以行政权力干预或取代学术权力的现象普遍，限制学者对学术事务的管理，对学术权力在大学中的地位及作用的发挥产生负面影响。学术与行政权力之间的界限模糊不清，导致分工不明确、责任不清晰，引发相互越位的问题。此外，学术权力的主体——教授及其学术组织的作用未能充分凸显，学术组织成员的构成存在缺陷，学者及学术组织缺乏影响决策的制度化渠道。《高等学校学术委员会规程》的实施，首次明确了学术委员会作为高校最高学术机构的地位。要切实落实这一规程，还需规避来自行政管理部门等多方面的干扰。在现实中，学术权力与行政权力的彰显程度被视为对高校发展绩效具有重要影响，实证分析表明，两者与高校发展绩效的相关程度均较低，这意味着两种权力之争对高校发展绩效的重要性并不如传统认知的那么显著。因此，需要重新审视和认识学术权力与行政权力的组合效应对高校发展的影响，建立健全学术治理体系，明确行政权力和学术权力的边界，保障学术权力的独立性和权威性。

### （二）学术委员会的功能不完善

学术委员会在高校内部治理②结构中的地位有时并不明确，导致其作用发挥受限。《高等学校学术委员会规程》出台，旨在确立学术委员会地位，统筹行使学术事务的决策、审议、评定和咨询等职权。学术委员会职权在实际操作中可能未得到充分行使，存在职权行使不到位或被其他治理主体过度干预的情况。学术委员会的会议规则、表决方式等运行机制需进一步规范化，确保决策公正性和透明性。学术委员会委员的专业背景和参与度存在差异，影响学术委员会整体效能和决策质量。在复杂的制度环境中，学术委员会面临不同政策法规间的矛盾冲突，不同制度间权责边界不清晰，对制度执行的监督不完备。一些高校的具体学术事务管理制度与学术委员会的基本制度相违背，导

---

① 杨一鸣，张振华．我国民办高等教育高质量发展的机理与路径研究［J］．应用型高等教育研究，2023，8（4）：8-14.

② 周作宇．微观政治：大学治理中的一个特殊场域［J］．清华大学教育研究，2017，38（2）：14-25.

致学术委员会的权责被解构，相关具体制度的权力无法发挥，学术委员会的成员无法参与制度性决策，很难做出公正决策。学术委员会的权力因具体制度而变得碎片化，学术权力需统筹调整，应建立学术委员会决策执行的组织体系，真正发挥学术委员会的功能。

**（三）学术评价制度的不合理性**

学术评价制度的不合理性对学术界和学生产生多方影响，现行的评价体系可能未能充分评价学术成果的质量和创新性，过分强调 SCI 论文等量化指标，导致学术界出现以发表论文数量和期刊等级为主导的功利化倾向，抑制学者进行真正创新性研究的动力和空间。不同学科的研究特点和成果形式存在差异，但现有的评价体系往往采用统一的标准，未能体现出对学科差异的尊重和理解，这对一些以实践、技术应用为主的学科尤为不利。不合理的学术评价制度会影响到学生的学术培养和价值观形成，学生更多地被引导去追求短期的、可量化的学术成果，而非深入探索和解决具有长远意义的学术问题，在压力和功利驱动下，一些学者和学生会采取不正当手段来凸显自己的学术表现，如论文抄袭、数据造假等，破坏了学术诚信的基本原则。同行评价是学术评价中重要的一环，但现行体系可能存在专家选择不当、评价主观性强等问题，影响评价的公正性和准确性。行政化的评价体系削弱了学术共同体的自主权，限制了学者在学术研究中的自由探索。因此，需要完善学术评价体系，注重学术质量和创新，采用多元化的评价指标，鼓励教师和学者进行深入的学术研究。

**（四）学术氛围的浮躁化**

学术氛围的浮躁化是当前学术界面临的一个严峻问题，在当今竞争激烈的社会中，学生和教师都面临着巨大的压力，需要在短时间内取得显著的学术成果。这种压力可能导致人们为了追求表面的成绩，而忽视了学术的质量。学生为获得好成绩，会抄袭他人作业或论文；而教师为晋升职称，会过度追求科研项目和论文发表数量，忽视教学质量和对学生的培养。当前的学术评价体系往往过于注重数量指标，如论文发表数量、科研项目数量等，忽视质量和创新性，促使人们为追求数量而牺牲质量，导致学术氛围浮躁化。一些学术期刊为提高影响因子，会降低审稿标准，导致一些低质量的论文得以发表。人们将学术研究视为获取名利的手段，而不是对知识的追求和探索。这种功利主义思想导致人们在学术研究中追求短期利益，而忽视长期的学术价值。企业为获得政府的科研项目资助，会夸大研究成果的应用前景，而忽视研究的科学性和可行性。随着信息技术的发展，人们获取信息的渠道变得更加便捷，但面临着信息过载的问题。在海量的信息中，人们难以筛选出有价值的信息，导致学术研究肤浅、浮躁。一些学生在撰写论文时，会过度依赖网络搜索，从而忽视对原始文献的阅读和分析。学生和教师对学术规范和道德认识不足，缺乏相关教育和培训，不知道如何正确引用他人研究成果，导致抄袭和剽窃行为发生，导致学术不端行为的发生，进一步破坏学术氛围。因此，需要营造浓厚的学术文化氛围，鼓励学术创新和自由探索，提高教师和学生对学术研究的重视程度。

**（五）跨学科合作困难**

当今大学学术治理中，跨学科合作困难①是一个不可忽视的挑战。学科之间的壁垒高耸，跨学科合作变得异常艰难，这对学术创新和解决复杂问题的能力产生了严重的限制。现实情况中，大学内部的各个学科往往各自为政，形成相对封闭的体系。不同学科的教师和学者们在研究方法、思维模式和知识体系等方面存在着较大的差异，这导致了他们之间的沟通和合作变得困难重重。例如，理工科的学者们可能更注重实验和数据，而人文社科的学者们则更倾向于理论分析和文本研究。这种差异使得他们在面对一些复杂的现实问题时，难以形成有效的合作。为了促进跨学科合作，我们需要采取一系列措施来打破学科壁垒。首先，大学可以加强学科之间的交流与互动，例如举办跨学科的研讨会、学术讲座等活动，为不同学科的教师和学者们提供一个交流和合作的平台。其次，建立跨学科的研究平台和机制也是至关重要的。大学可以设立专门的跨学科研究中心或实验室，为跨学科合作提供必要的资源和支持。还可以制定相应的政策和激励措施，鼓励教师和学者们积极开展跨学科的研究和合作。跨学科合作困难是大学学术治理中面临的一个重要挑战。只有打破学科壁垒，建立跨学科的研究平台和机制，鼓励教师和学者们开展跨学科的研究和合作，才能更

① 刘艳霞，吴迪．从出走到回归：新文科建设视域下社会工作专业学生跨学科实践的主体性建构［J］．华东理工大学学报（社会科学版），2023，38（6）：71-81．

好地促进学术创新和提高解决复杂问题的能力，推动大学学术的发展和进步。

### （六）学术资源分配存在不公平现象

科研项目、经费、实验室设备等资源的分配不均，导致某些学科和领域无法得到充分的发展，限制了学术的多元化和创新性。此外，学术决策过程的不透明也备受诟病。在一些大学中，学术决策往往是由少数管理层人员做出的，缺乏教师和学者的参与和监督。这种决策方式不仅容易导致决策的科学性和合理性受到质疑，也可能会引发教师和学者的不满和抵触情绪，影响学术治理的效果。为了解决这些问题，大学需要采取一系列措施。首先，建立公正透明的学术资源分配机制是至关重要的。这意味着资源的分配应该基于学术价值和需求，而不是其他非学术因素。同时，应该加强对资源分配过程的监督和评估，确保资源的合理分配和有效利用。其次，加强学术决策过程的透明度也是必不可少的。大学应该建立健全的学术决策机制，增加教师和学者的参与度，让他们能够在学术决策中发挥更大的作用。再次，应该建立有效的监督和反馈机制，让教师和学者能够对学术决策过程进行监督和反馈，确保决策的科学性和合理性。最后，提高学术治理的公信力也是大学需要努力的方向。大学应该加强对学术治理的宣传和教育，让教师和学者了解学术治理的重要性和作用。同时，大学应该建立健全的学术治理体系，加强对学术治理的监督和评估，确保学术治理的有效性和公信力。

## 三、面对科技革命和产业变革的挑战

### （一）学科设置与人才培养模式

科技的飞速发展、产业的深刻变革及新兴学科领域的不断涌现，使得跨学科研究和创新的需求日益迫切。如果大学的学科设置相对滞后，就难以迅速响应新兴领域的发展需求。人才培养模式是大学内部组织治理需要关注的重要问题。传统的人才培养模式在培养创新型、实践型人才方面存在缺陷。为适应科技革命和产业变革的需求，教育内容和方法需更新和改进，更注重培养学生的创新思维、实践能力和适应快速变化的能力。

### （二）科研创新机制

科研创新机制对于大学应对科技革命和产业变革至关重要。大学内部科研管理机制可能存在一些问题，如资源分配不合理、评价体系不完善等。这些问题会影响科研人员积极性和创新成果的产出，制约大学的科研创新能力。

### （三）产学研合作

产学研合作是推动科技成果转化和应用的重要途径。大学与企业之间的合作可能面临一些障碍，如沟通不畅、利益分配不均等。这些问题会导致科技成果难以顺利转化为实际生产力，影响产业升级和发展。

### （四）领导力与战略规划

在科技革命和产业变革的背景下，大学需要具备远见卓识的领导力和科学的战略规划。领导者应敏锐地把握时代趋势，制定适应变革的发展战略，并积极推动组织的变革和创新。

### （五）资源配置与基础设施

资源配置与基础设施是大学发展的重要支撑。然而，在应对科技革命和产业变革的过程中，大学面临资源紧张、设施老化等问题，限制科研和教学的发展，影响大学的创新能力和竞争力。

### （六）社会服务与影响力

大学在科技革命和产业变革中应发挥更大的社会服务作用和影响力。一些大学可能在社会服务方面不够积极主动，未能充分发挥其知识和技术优势，为社会和产业发展做出更大贡献。

## 四、数字化时代背景下的治理困境

### （一）数据安全与隐私保护

人工智能技术作为推动并助力大学内部治理的智能化工具，在带来相应的颠覆性创新的同时，其本身存在的问题、缺陷或危机也会致使大学内部治理出现“失灵”现象，甚至会引发大学内部治理的秩序混乱与权力失衡（陈林，2024）。数字化程度的提高，需要大学处理和存储大量的学生、教职工研究数据，数据安全和隐私保护成为重要问题，包括数据泄露、网络攻击和个人信息滥用等风险。

### （二）信息技术基础设施与数字鸿沟

大学需要具备先进的信息技术基础设施以支持数字化教学、科研和管理。然而，一些大学可能面临技术更新滞后、网络带宽不足、系统兼容性问题等挑战，影响数字化治理的实施。同时，数字化时代加剧了不同群体之间的数字鸿沟，包括学生、教职工和管理人员。部分人员对新技术的接受和应用能力有限，导致信息不对称和参与度不高。

**（三）决策过程的复杂性**

数字化带来了更多的数据和信息，但也增加了决策过程的复杂性。如何有效地分析和利用这些数据，做出明智的决策，是大学治理面临的挑战之一。

**（四）组织文化与变革管理**

数字化转型需要大学进行组织文化的变革和管理。传统的组织文化对数字化创新存在抵触情况，需要推动文化的转变，鼓励创新和合作。

**（五）法律法规与政策**

数字化时代涉及一系列法律法规和政策问题，如网络安全法、数据保护法规等。大学需要确保数字化治理活动符合相关法律法规的要求。

**（六）人才短缺**

数字化治理需要具备相关技术和管理能力的人才。然而，大学可能面临人才短缺的问题，难以吸引和留住具备数字化专业知识的人员。

**（七）外部合作与协同**

数字化时代强调开放合作和协同创新。大学需要与其他机构、企业和社会各界建立良好的合作关系，共同应对数字化挑战，但合作过程中可能存在协调困难和利益冲突等问题。

**（八）持续投入与成本管理**

数字化转型需要持续的投入和成本管理。大学需要在技术更新、人员培训和安全防护等方面进行投资，但同时要确保资源的合理利用和成本效益。

**（九）评估与监测机制**

建立有效的评估和监测机制对于数字化治理至关重要。大学需要确定合适的指标和方法来评估数字化治理的效果，并及时进行调整和改进。

大学可以通过加强数据安全管理，制定完善的数据保护政策和措施，加强员工培训和意识教育，或通过建立良好的合作关系，加强与外部机构的沟通与协作，实现资源共享和优势互补等措施来更好地应对数字化时代背景下的治理困境，提升内部组织治理的效率和效果，适应时代的发展需求。

## 第四节　大学内部组织治理存在问题的原因分析

### 一、权力集中

权力高度集中在少数高层管理人员手中，会导致决策过程缺乏透明度和广泛的参与度。高层管理人员独自做出重要决策，没有充分征求其他利益相关者的意见和建议。这可能导致以下不良后果。

决策缺乏多样性。权力集中可能导致决策过程中缺乏不同观点和意见的交流与碰撞，从而使决策缺乏多样性和创新性。

缺乏监督和制衡。权力集中可能导致缺乏有效的监督和制衡机制，从而使权力滥用和腐败现象的发生。

忽视基层利益。权力集中可能导致忽视基层组织和师生的利益，从而使学校的发展缺乏广泛的支持和参与。

影响学校的发展。权力集中可能导致学校的发展缺乏活力和创新，从而影响学校的整体竞争力和声誉。

### 二、利益冲突

大学内部组织治理中的利益冲突是一个复杂的问题，可能涉及多个方面，以下是一些可能存在的利益冲突。

行政权力与学术权力的冲突。大学内部存在行政权力和学术权力两种权力体系，行政权力主要负责学校的日常管理和决策，学术权力则主要负责教学和科研等学术事务。在一些情况下，行政权力可能会干预学术权力的行使，导致学术自由受到限制，从而引发利益冲突。

教师与行政人员的利益冲突。教师和行政人员是大学内部的两个主要群体，他们的利益诉求可能存在差异。例如，教师可能更关注教学和科研工作的质量和发展，而行政人员可能更关注学校的管理和运营效率。在一些情况下，教师和行政人员之间可能会因为资源分配、职称评定等问题产生利益冲突。

学校与学生的利益冲突。学校和学生是大学内部的两个重要利益相关者，他们的利益诉求也可能存在差异。例如，学校可能更关注学校的声誉和发展，而学生可能更关注教学质量、学费等问题。在一些情况下，学校和学生之间可能会因为学费上涨、教学质量下降等问题产生利益冲突。

不同学科之间的利益冲突。大学内部存在多个学科，不同学科之间的利益诉求也可能存在差异。例如，一些学科可能更关注科研项目的申请和经费的分配，而另一些学科可能更关注教学资源的分配和学生的培养质量。在一些情况下，不同学科之间可能会因为资源分配、学科发展等问题产生利益冲突。

## 三、缺乏沟通

大学内部各部门之间缺乏有效的沟通机制，会导致信息流通不畅和工作协调困难。不同部门之间存在信息孤岛，缺乏及时、准确的信息共享，影响决策的制定和执行，缺乏沟通还会导致部门之间的工作不协调，出现重复劳动和资源浪费的情况。大学内部组织治理中缺乏沟通可能导致以下问题。

信息不畅通。各部门之间缺乏有效的沟通渠道，导致信息传递不及时、不准确，影响工作效率和决策质量。

协调困难。由于缺乏沟通，各部门之间难以协调工作，容易出现重复劳动、资源浪费等问题。

矛盾冲突。缺乏沟通可能导致部门之间的矛盾和冲突，影响团队合作和工作氛围。

缺乏创新。沟通不畅会限制员工之间的思想交流和创新思维的碰撞，不利于组织的创新和发展。

员工满意度低。员工之间缺乏沟通和交流，容易感到孤独和无助，影响员工的工作满意度和忠诚度。

## 四、制度不完善

大学的治理制度存在不完善的地方。例如，规章制度不够明确具体，缺乏可操作性；制度的执行不够严格，存在漏洞和弹性，导致治理混乱，会对学校的发展和管理产生一些负面影响。以下是一些可能存在的问题。

缺乏明确的职责分工。大学内部组织可能存在职责不清、分工不明的情况，导致工作效率低下，甚至出现推诿责任的现象。

缺乏有效的监督机制。大学内部组织可能缺乏有效的监督机制，导致权力滥用、腐败等问题发生。

缺乏科学的决策机制。大学内部组织缺乏科学的决策机制，导致决策失误、资源浪费等问题的发生。

缺乏合理的激励机制。大学内部组织可能缺乏合理的激励机制，导致员工工作积极性不高、创造力不足等问题的发生。

## 五、人员素质

大学内部管理人员的素质和能力参差不齐。部分管理人员缺乏专业知识、管理经验和领导能力，无法有效地履职，影响治理的效率和效果，导致决策失误和管理不善。大学内部组织治理存在的问题中，人员素质是一个重要方面。具体表现如下。

管理人员素质不高。一些大学的管理人员缺乏专业知识和管理经验，管理水平较低，无法有效地组织和协调学校的各项工作。

教师队伍素质参差不齐。一些大学的教师队伍中存在着一些素质不高的教师，他们缺乏教学经验和专业知识，教学质量较低，无法满足学生的学习需求。

学生素质有待提高。一些大学生缺乏学习动力和学习目标，学习态度不端正，学习成绩较差，无法适应社会的发展需求。

## 六、外部压力

大学会面临来自外部的各种压力，如政府监管、社会舆论、市场竞争等。这些外部因素会对大学的治理决策产生影响，使其不得不做出一些妥协和调整。例如，政府对大学的招生政策、学科设置等提出要求，社会舆论对大学的教学质量、社会责任等进行监督和评价。大学内部组织治理存在问题，外部压力主要来自以下几个方面。

政府监管。政府对大学的监管越来越严格，要求大学遵守各种法律法规和政策规定。这给大学带来了很大的压力，需要大学不断加强内部组织治理，提高管理质量。

社会舆论。社会舆论对大学的评价越来越高，要求大学承担更多的社会责任和义务。这给大学带来了很大的压力，需要大学不断加强内部组织治理，提高教育质量和社会影响力。

市场竞争。随着高等教育市场的不断开放和竞争的加剧，大学面临着越来越激烈的市场竞争。这给大学带来了很大的压力，需要大学不断加强内部组织治理，提高教学质量和科研水平，增强市场竞争力。

## 第五节　大学内部组织治理的国外案例①

### 一、英国大学内部组织②的治理

#### （一）治理理念

在治理理念方面，英国大学的内部组织治理理念强调现代价值导向，自治程度较高，强调多元化治理，并且在治理中提倡人本精神。在治理主体方面，英国大学内部组织的治理由校务委员会、理事会、评议会和校长共同组成。在治理制度方面，强调权力分配与制衡，并且充分发挥监督机制的作用。学校充分享有办学自主权和管理自主权，其中校务委员会的职责定位是最高权力机构，但是这种权力作用的发挥更多体现在形式上，在行使相关权力时是仪式性的，主要侧重于与外界的交流联系。相关人员构成比较广泛，包括政府部门的相关官员、工商界的名流、杰出校友、校内师生代表等，人数也比较多，一般都在 200 人以上。

#### （二）治理机构

理事会的职责定位是最高管理机构，是实质上的最高权力机构，其主要职责包括根据最新形势的发展和本校的实际情况合理制定大学的战略规划、筹集相应的经费资源并进行合理的配置、对教师进行正式批准和任免考核等。评议会的职责定位是最高学术力量③机构，其人员构成主要是校内人员，包括大学全体教授、各个院系主任以及一些暂时没有获得教授资格的优秀学者等，主要工作职责包括制定大学学术政策、审议大学学术创新成果、开展学术交流活动等。校长的职责定位是首席学术和行政官员，在英国大学内部组织④的治理上，校长既

---

① 张德祥. 美、德、日三国大学学术力量和行政权力关系的现状：结构及其运行［J］. 辽宁高等教育研究，1998（1）：91-96.

② 孙丽昕. 英国大学内部治理的权力共享与制衡机制分析：以牛津大学和斯特灵大学为例［J］. 高教探索，2014（5）：89-94.

③ 阎亚林. 论我国高校学术力量行政化［J］. 陕西师范大学学报（哲学社会科学版），2003（1）：94-100.

④ 崔艳丽，崔建芳. 高等教育治理视野下英国大学与国家关系的变革［J］. 现代教育管理，2015（8）：17-22.

是评议会主席，也是理事会中学术力量的主要代言人，除此之外，校长还要承担的主要工作职责包括维持良好的教学秩序，积极提高办学水平，加强与校外的沟通联系，为本校发展争取政策支持和资源投入等。

### （三）治理能力

治理能力主要关注教师工作能力和水平的提高，强调把合适的人才放到合适的位置上，并且针对不同类型的教职工，结合其工作特点，安排具有针对性的培训提升项目。

## 二、德国大学内部组织的治理

### （一）治理理念

在治理理念方面，德国大学同样强调现代价值导向，其中柏林大学被业界认为是现代大学制度的发源地，一是强调学术自由，二是强调教学与科研工作的有机统一。在治理主体方面，从整体框架上分析，德国大学内部组织的治理由理事会、评议会、校长委员会共同完成，主要权力和职责包括大学事务决策、大学章程设立、大学事务执行、大学事务咨询和大学事务执行监督。但是具体由哪种机构执行哪种具体职能，则随着大学自身实际情况的不同而不同，呈现出多样化的特点。以亚琛工业大学为例，其理事会负责大学事务决策和大学事务执行监督，评议会负责大学章程设立和大学事务咨询，校长委员会负责大学事务执行。

### （二）治理制度

在治理制度方面，德国大学内部组织治理以《高等学校总纲法》作为最高行动纲领，在保持各州各个大学内部组织治理多样性的同时，实现了同最高教育法律相一致的统一性，强调权力的制衡与监督。

### （三）治理机构

理事会职能方面，有的大学将其职能定位为最高决策机构，也有的大学将其定位为监督协调机构。以亚琛工业大学为例，其理事会是最高决策机构，对大学内部的所有事务都享有最高决策权。目前其理事会共有 10 名成员，其中有 7 位成员来自校外，3 位成员来自校内。在理事会成员任期和权力分配方面，每位理事会成员的任期都是 5 年，而且享有平等的投票权。理事会的具体职责包括：提名和决定校长委员会的委员组成；对校长的校务执行情况进行必要监督；对大学战略规划进行审议；对重要人事任免和财务预算进行批准。评议会职能方面，德国大学在内部组织治理方面将其定位[①]为教授治校和民主管理的载体，具体体现在教授在评议会中享有多数地位且校内四大人员在立法机构中皆有代表。有的大学将其定位为最高学术力量机构，也有的大学将其定位为大学章程设立和大学事务咨询机构。以亚琛工业大学为例，其评议会具体职能包括五个方面的内容：一是对做出突出贡献的专家学者授予相应的荣誉称号；二是制定大学章程、设计主要组织结构并根据实际情况的变化及时进行相应的调整；三是对大学发展战略规划进行审议；四是对大学的预算执行情况进行评价和跟踪；五是对大学学术资源和财务资源的分配情况发表意见。校长委员会职能方面，德国大学在内部组织治理方面将其定位为行政执行机构，通常由校长、副校长和校长秘书等组成。以亚琛工业大学为例，其校长委员会具体职能包括四个方面的内容：一是根据大学的发展规划和战略目标对学术资源进行统筹配置；二是负责各个院系之间的沟通协调；三是负责对外交流与合作；四是负责对教学进行计划、控制与协调。

#### （四）治理能力

在治理能力方面，德国大学强调提升行政型组织执行力和增强学术型组织影响力。提升行政型组织执行力方面注重以加强制度建设为抓手提高运营效率；增强学术型组织影响力强调以切实提高治学能力为导向，不断提高评议会的学术力量和地位。

### 三、美国[②]大学内部组织的治理

截至当前美国共有5 000多所大学，其中既有公立大学也有私立大学，既有综合性大学也有专业性大学，既有理工类大学也有社科类大学，大学的办学目标和办学种类是多样化的，但是在多样化的背后也有一定的共同特征。

#### （一）治理理念

在治理理念方面，美国大学内部组织治理强调多元化合作共治，

---

① 邹晓平．高等学校的定位问题与分类框架［J］．高教探索，2004（3）：8-12.

② 左崇良，潘懋元．美国高等教育治理的核心要义与内外格局［J］．江苏高教，2016（6）：24-30.

追求自我实现，以增强凝聚力和向心力为目标，致力构建人本文化，打通职业教育、成人教育、本科教育和研究生教育之间的通道，并且建立更加具有包容性和多样性的选课系统，允许校内的师生选择适合自身的发展路径。

**（二）治理主体**

在治理主体方面，从内部组织的治埋模式上看，大学内部的权力机构主要包括董事会、校长、评议会和教师，其中董事会的主要职责和权力行使体现在，其是大学内部的最高决策机构，校长的主要职责和权力行使体现在，其是大学内部具体事务的管理者，评议会的主要职责和权力行使体现在全面负责学术事务的决策，教师的主要职责和权力行使体现在通过聘任制度保障学术自由。

**（三）治理制度**

在治理制度方面，美国的大学制度被业界认为是现代大学制度的黄金标准，其主要做法是在工作中遵循学术自由、学术自治和学术中立的三原则。具体来说，第一，无论对于哪种组织形式，还是什么办学目标的大学来说，董事会都是最高决策机构，在学校事务的决策上享有至高无上的权力，其人员组成通常是具有社会影响力的名流人士。其中对于公立大学，有部分董事会成员由主管政府部门负责聘任。董事会成员的任职选拔标准通常包括三个方面，即对所在学校要有充分的认知、对所在学校要做出一定的贡献、在社会上要具备一定的影响力。值得说明的是，在所有的董事会成员中，通常有一名董事为所在学校的学生。第二，校长主要负责贯彻落实董事会关于大学实务的所有决策并负责具体实施。美国①的大学内部体系分为学术子体系和行政子体系，两个子体系并不是完全独立、相互分割的，而是相互联系、有机统一的整体，很多学术工作都需要行政体系去推动，同时行政体系的高效会在很大程度上助推学术的繁荣。校长在学术子体系和行政子体系的沟通联系中发挥着非常重要和关键的作用。第三，评议会又

---

① 黄建伟，陈莹．美国大学学术绩效的外部治理：以政府的“权力依据”为研究线索[J]．复旦教育论坛，2017，15（3）：100-106．

被称为教授会，充分地反映出美国大学内部组织治理中的教授治校理念。评议会分为学校评议会和学院评议会两级，其中学校评议会具体牵头全校层面的学术工作，包括学术政策制度的建立健全、教师的聘任选拔与绩效考核、学校教学课程的安排设置等；学院评议会主要负责所在学院的学术事务，包括学院课程的安排设置、学术成果的院内评定等。第四，教师聘任制方面，美国高校的教师聘任类型分为非终身聘任制和终身聘任制两种，终身聘任制是指教师在获得终身资格后可以在学校持续任教直至退休，非终身聘任制是指教师在聘任期满后需要离开学校。当教师获得终身聘任制后，坚韧勇敢地追求学术真理，专心致力于学术成果突破，而不必过多受行政权力的约束。

**（四）治理能力**

在治理能力方面，美国大学主要关注学术研究水平的提高，强调建立强有力的激励机制，要切实发挥绩效考核对于实现学术目标的引导激励和识人用人的作用，不断完善差异化目标管理和标杆超越机制。从世界典型大学内部组织治理的实践可以看出，英国、德国、美国等西方发达国家的大学内部组织治理呈现出如下几个鲜明的特点。一是突出理事会、董事会的全局领导作用。英国大学①将理事会的职责定位为最高管理机构，是实质上的最高权力机构。德国大学②将理事会的职责定位为最高决策机构或监督协调机构。美国大学③将董事会的主要职责和权力行使定位为大学内部的最高决策机构，强调大学内部治理的集中统一领导。二是强调校长层面的全面执行作用。在英国大学内部组织的治理上，校长的职责定位是首席学术和行政官员，德国大学在内部组织治理方面将校长委员会定位为行政执行机构，美国大学校长主要负责贯彻落实董事会关于大学实务的所有决策并负责具体的组织实施，都强调校长的执行与协调作用。三是强调要坚持高校的学术本

① 吴云香，熊庆年．英国大学治理模式的多样性及其存在基础［J］．重庆高教研究，2013，1（6）：77-83.

② 姚荣．迈向法权治理：德国公立高校法律地位的演进逻辑与启示［J］．高等教育研究2016，37（4）：93-102.

③ 余承海．美国州立大学治理结构研究［D］．南京：南京师范大学，2011.

位特征，切实加强学术力量。英国和德国①的大学都设立评议会作为最高学术力量机构，美国②的大学除设立评议会之外，建立教师聘任制度保障教师学术力量的实施，充分践行教授治学和民主管理的理念。四是强调多元化合作共治。英国大学内部组织治理校务委员会、理事会、评议会和校长四位一体制度。德国大学③内部组织治理的理事会、评议会、校长委员会三位一体制度。美国大学④内部组织治理的董事会、校长、评议会和教师四足鼎立制度，强调摒弃一元化统治，治理主体呈现多元化。其构建多元化合作共治机制的特点，是我国高校内部组织治理的有益借鉴。

① 李枝航. 新公共管理的后来者：试论德国大学治理模式［J］. 亚太教育，2016（16）：173-174.

② 解瑞红. 美国大学内部治理的主要模式：历史发展的视角［J］. 现代教育论丛，2017（6）：80-85.

③ 姚荣. 德国公立大学内部治理结构变革的规律与启示：基于联邦与州层面法律以及相关判例的文本分析［J］. 湖南师范大学教育科学学报，2018，17（3）：103-111.

④ 马骉. 美国大学治理对我国高校“去行政化”的启示［J］. 河北民族师范学院学报，2017，37（3）：101-106.

# 第三章　大学内部组织治理的目标原则与组织结构

## 第一节　大学内部组织治理的目标设定与要求

### 一、大学内部组织治理的目标

党的二十届三中全会指出，要加强教育改革，提高教育质量，培养适应现代化建设需要的各类人才。在新时代，大学内部组织治理面临着新的挑战和机遇。新质生产力的不断发展和数智化技术的广泛应用，需要大学内部组织治理不断创新和完善。新质生产力的发展对大学内部组织治理提出了新的要求。大学需要加强科技创新能力，培养具有创新精神和实践能力的人才，以适应新质生产力的发展需求。数智化技术的广泛应用为大学内部组织治理带来新的机遇，大学可以利用数智化技术提高管理效率，优化资源配置，提升教学质量和科研水平。

在新的时代背景下，大学内部组织治理的一般性目标是借助特定的价值观念、制度规范和运行机制，针对治理客体所预先设定的目标或追求。具体来说，大学内部组织治理的目标包括以下几个方面。

#### （一）学术卓越

首先，大学应致力于吸引、培养和留住具备卓越学术潜力和显著成就的教师与学生。大学通过提供具有竞争力的薪酬待遇、良好的研究环境和充足的发展机会，吸引国内外优秀学术人才；通过为教师和学生提供持续的专业发展支持，帮助他们不断提升自己的学术水平。其次，科学研究和学术创新是大学的天然职责和合法性的证明，现代大学治理的优劣必然要以科学研究、学术创新作为评判标准（孙志远，2020）①。大学应鼓励教师和学生勇于探索新的研究领域和方法，开展

---

① 孙杰远．国家治理背景下大学治理现代化的本质与策略［J］．国家教育行政学院学报，2020（2）：3-8.

具有开创性的学术研究。学校可以设立专门的创新基金，支持创新性研究项目；举办学术研讨会和讲座，促进学术交流与合作；建立跨学科研究中心，鼓励不同学科之间的交叉融合；建立严格的学术标准和质量保障机制对于确保教学和研究质量至关重要。大学应制定明确的学术规范和评价标准，加强对教学和研究过程的监督与评估。最后，建立健全的学术诚信制度，严肃处理学术不端行为，维护学术的公正性和严肃性。大学可以通过组织学术会议、合作研究项目和学生交换等方式，促进学术资源的共享和互补。

为了营造宽松的学术氛围，保障学术自由，大学应尊重教师和学生的学术观点和研究兴趣，鼓励他们独立思考和自由探索。大学应建立健全学术申诉机制，保障教师和学生的合法权益；持续改进学术治理的结构和制度，提高管理的效率和科学性。大学还应不断优化学术管理流程，加强信息化建设，提高学术管理的透明度和公正性。

**（二）学生发展**

在大学治理领域，要看大学是否为学生参与管理和决策提供机会，让学生成为积极分子，提高参与归属感和责任感，成为大学制度变革的推动者之一（刘海燕等，2022）①。比如建立健全的学生管理体系，包括学籍管理、学生事务管理和学生心理健康教育等，以保障学生的合法权益和身心健康；加强学生的思想政治教育，培养学生的爱国主义精神、集体主义精神和社会主义核心价值观，提高学生的思想政治素质；开展丰富多彩的校园文化活动，包括学术讲座、文化艺术活动和体育竞赛等，以丰富学生的课余生活，提高学生的综合素质；要以习近平新时代中国特色社会主义思想为指引，凸显大学内部组织治理的现代价值取向，健全大学内部组织治理制度；要进一步强化多元化合作共治、制度化、智能化以及专业化治理，推动大学内部组织治理的改革、转型与创新，加强学生的就业指导和服务，帮助学生树立正确的就业观念，提高学生的就业竞争力，促进学生的充分就业。

**（三）教师发展**

科教兴国、人才强国和创新驱动发展战略是我国的重要发展战略，

---

① 刘海燕，刘怡泠，胡智强，等．“学生能动性”培养：大学书院育人的重要着力点［J］．江苏高教，2022（11）：91-98.

旨在通过科技、教育和人才的发展，推动国家的经济增长和社会进步。大学治理有效性要求以教师发展为根本，创建符合学术职业规律的内外部环境（张继明，2022）①。加强教师专业技能培训，提高教师的教学水平和创新能力，以培养更多具有创新精神和实践能力的学生；建立健全的教师评价和反馈机制，鼓励教师积极参与教学改革和创新，提高教学质量和效果；加强教师之间的合作与交流，促进教学资源的共享和优化配置，提高教育教学的整体水平；支持教师的职业发展②规划，提供晋升机会和职业发展指导，激励教师不断追求进步；营造良好的教学和研究环境，提供必要的设施和资源，保障教师能够顺利开展教学和研究工作；建立教师激励机制，表彰和奖励优秀教师的教学和研究成果，激发教师的积极性和创造力；关注教师的工作满意度和福利待遇，提供合理的薪酬和福利，提高教师的工作积极性和稳定性；加强教师与学生的互动和沟通，鼓励教师关注学生的学习需求和发展，促进教学相长；持续改进教师发展的政策和措施，根据教师的反馈和需求进行调整和完善，以提高教师发展的效果和质量。

**（四）资源管理**

优化资源配置，根据学校的战略规划和发展需求，合理分配人力、物力和财力等资源，确保资源高效利用。在数字化时代，要注重数字资源建设和管理，提高资源可访问性和共享性，建立科学的资源管理制度和流程，加强资源的统筹规划和协调管理，避免资源的浪费和重复投入。加强资源共享与合作，创新大学学术资源共享共建的治理结构，促进校内各部门、各学院之间的资源共享与合作，打破资源壁垒，实现资源的最大化利用。积极与外部机构开展合作，拓展资源渠道，提升学校的资源优势。推动资源创新与发展，鼓励教师和学生积极参与资源创新活动，开发新的教学资源、科研资源和社会服务资源。结合科技革命、产业变革的趋势，加强对新兴技术和产业的研究与应用，为学校的发展提供新的资源支持。保障资源安全与可持续发展，建立健全资源安全管理制度，加强对资源的保护和管理，确保资源的安全

① 张继明．中国式高等教育治理现代化的现实审视与集群化建设：基于新型举国体制的视角 [J]．大学教育科学，2023（3）：13-21.

② 张继明．大学教师学术职业发展的现实境遇及其治理之困：基于 H 省的调查研究 [J]．湖北社会科学，2022（5）：148-155.

可靠。注重资源的可持续发展，合理规划资源的开发和利用，实现资源的长期稳定供应。培养资源管理人才，加强对资源管理人员的培训和培养，提高其专业素质和管理能力。强化资源管理信息化建设，利用信息技术手段，建立完善的资源管理信息系统，实现资源管理的信息化、自动化和可视化。数据分析和决策支持，能提高资源管理的科学性和精准性。促进资源与教学、科研和社会服务的深度融合，推动资源在教学中的应用创新，提升科研成果的转化效率，增强学校为社会服务的能力。建立资源管理绩效评估机制，制定科学合理的资源管理绩效评估指标体系，定期对资源管理工作进行评估和考核，及时发现问题并加以改进，提高资源管理的效益和水平。持续关注资源管理领域的新趋势和新技术，密切关注资源管理领域的发展动态，积极引入新的理念、方法和技术，不断提升学校的资源管理水平，为学校的发展提供有力保障。

**（五）社会责任**

大学治理应该妥善兼顾学术自由与社会责任，建立有效的治理机制，确保大学的研究和教育活动既能够推动知识的进步，又能够为社会做出积极的贡献（董柏林，2019）①。大学应鼓励教师和学生积极参与科研项目，致力于解决社会面临的重大问题，如环境保护、医疗卫生和能源安全等。大学通过创新驱动发展战略，促进科技成果转化，为社会提供更多的解决方案和创新产品；通过加强与社会各界的合作与交流，积极与企业、政府和社会组织等建立合作伙伴关系，共同开展科研项目、社会服务和创新创业活动；通过产学研合作，将大学创新成果推向市场，实现社会效益和经济效益的双赢。大学作为文化传承和创新的重要场所，应承担起传承和弘扬优秀文化传统的责任，通过开设文化课程、举办文化活动和开展文化研究，培养学生的文化素养和文化自信，推动文化的创新与发展。大学应鼓励教师和学生积极参与社会治理和公共事务，为政府决策提供智力支持和专业建议。大学通过开展政策研究、社会调查和志愿服务等活动，提高学生的社会责任感，增强学生的公民意识。同时，大学应积极开展国际交流与合

① 董柏林．学生参与大学治理的美国经验及其镜鉴：以美国一流大学章程为考察中心［J］．高教探索，2019（11）：70-77．

作，培养具有国际视野和跨文化交流能力的创新人才，通过与国际知名大学和研究机构的合作，引进先进的教育理念和科研成果，提升大学的国际影响力和竞争力。大学应将可持续发展理念贯穿于教育教学、科研和管理的各个环节，培养学生的可持续发展意识和能力，通过开展可持续发展研究、推广绿色技术和倡导低碳生活方式，为社会的可持续发展做出贡献。

大学内部组织治理需要不断适应新的时代背景和发展需求，加强科技创新能力，培养具有创新精神和实践能力的人才，利用数智化技术提高管理效率，优化资源配置，提升教学质量和科研水平，实现大学的可持续发展。

大学内部组织治理的目标设定具有多方面重要意义。一是为大学的发展指明方向，使各项工作能够有针对性地展开。大学通过目标设定，能有效协调各部门和成员的行动，促进协同合作，显著提高整体工作效率。二是合理的目标有助于实现资源的优化配置，确保资源集中投入关键领域，实现效益的最大化。三是为工作绩效的评估提供明确的依据，便于及时发现问题并采取有效的改进措施。其有助于增强大学在教育市场中的竞争力，吸引更多优秀的师生和资源。四是满足社会对大学的期望，提升大学的社会声誉和认可度。五是为大学的长期稳定发展提供了保障，使其能够适应不断变化的环境和需求。六是能够促进校内各方形成共识，共同为实现目标而努力，增强大学的凝聚力和向心力。

## 二、治理现代化对大学内部组织治理的要求

### （一）完善治理结构

大学内部组织治理结构是指大学内部各利益相关者之间的权力分配、责任划分和相互关系的制度安排。它涉及大学内部的决策机制、管理体制、监督机制等方面，旨在保障大学的正常运行和发展，提高大学的治理效率和质量。在我国，每所高校的章程都对其内部治理结构做出了规定，初步构建起了“党委领导、校长负责、教授治学、民主管理”具有中国特色的大学治理结构，彰显了高校内部共建共治共享的现代治理理念（叶静宜，2024）①。完善治理结构，包括明确各治

① 叶静宜. 大学章程的裁判适用 [J]. 华东师范大学学报（教育科学版），2024，42(8)：85-103.

理主体的职责和权限，建立科学的决策机制，加强监督和评估机制，推进信息化建设，以及加强文化建设等。

首先，明确各治理主体的职责和权限是完善治理结构的基础。大学内部组织治理涉及多个主体，如学校管理层、教师和学生等。明确各主体的职责和权限，可以避免职责不清和权限不明的情况，提高治理效率。其次，建立科学的决策机制是完善治理结构的关键。科学的决策机制可以提高决策的科学性和合理性，避免决策失误。在建立决策机制时，需要充分考虑各方面的因素，如学校的发展战略、师生的利益等。再次，加强监督和评估机制是完善治理结构的保障。监督和评估机制可以及时发现和解决问题，提高大学治理的效果和效率。在加强监督和评估机制时，需建立健全监督和评估体系，明确监督和评估的标准和程序。此外，推进信息化建设是完善治理结构的重要手段。信息化建设可以提高治理的信息化水平和效率，实现信息共享和协同工作。在推进信息化建设时，需要加强信息化基础设施建设，提高信息化应用水平。最后，加强文化建设是完善治理结构的重要内容。文化建设可以营造良好的治理文化氛围，提高治理的效果和效率。在加强文化建设时，需要注重培养师生的治理意识和参与意识，形成共同治理的文化氛围。

### （二）加强制度建设

在治理现代化的要求下，大学内部组织治理的制度建设至关重要：需明确治理目标与原则，如提高教育质量、促进学术创新等；优化决策机制，建立科学、民主的决策程序，充分听取各方意见，提高决策的科学性和合理性；完善权力分配与制衡，明确各部门和人员的职责与权力，建立有效的权力制衡机制，防止权力滥用；加强制度执行与监督，确保制度的严格执行，建立监督机制，对违反制度的行为进行及时纠正和处理；推进信息公开与透明，建立信息公开制度，及时向师生和社会公开相关信息，增强透明度；建立评估与反馈机制，定期对制度执行效果进行评估，根据评估结果及时进行调整和完善；强化制度的适应性，根据学校发展和外部环境变化，及时修订和更新制度，确保制度的有效性；培养制度文化，通过宣传、培训等方式，培养师生对制度的尊重和遵守意识，形成良好的制度文化氛围；加强与外部的合作与交流，借鉴其他高校的先进经验，不断完善本校的治理制度；

推动制度创新，结合学校实际情况，积极探索适合本校的治理制度创新模式。

**（三）推进信息化建设**

大学作为知识创新和人才培养的重要场所，其内部组织治理的复杂性和多样性日益凸显。为了应对这一挑战，利用数智化技术构建统一的信息化治理平台成为必然选择。通过这一平台，大学可以实现信息的集中管理和共享，打破信息孤岛，提高信息流通效率和准确性，这不仅有助于各部门之间的协同工作，还能为决策提供及时、全面的数据支持。同时，在数智化的大环境下，对业务流程进行优化也是提高治理效率的关键。烦琐的手工操作不仅耗费时间和精力，还容易出现人为错误；而信息化手段可简化和规范业务流程，减少不必要的环节，提高工作效率和质量。大数据分析技术的应用为大学的决策提供了科学依据和有力支持。通过对学校各项数据的深入分析，管理者可以了解学校的运行状况、师生的需求和行为特征，从而制定更加科学合理的政策和措施。例如，通过分析学生的学习成绩和行为数据，教师可以发现学生的学习困难和需求，及时提供个性化的辅导和支持；通过分析教职工的工作数据，学校可以评估教学和科研质量，为绩效考核和职称评定提供依据。利用信息化技术，教师可以创新教学方法和手段，提高教学效果和质量。例如，在线教学平台、虚拟实验室、教学资源库的应用，为学生提供了更加丰富多样的学习资源和学习方式。科研人员也可以借助信息化工具，提高科研效率和创新能力。例如，科研管理系统、数据分析软件、文献检索工具的应用，为科研工作提供了便利和支持。

信息化建设也带来了信息安全的挑战。为了保障信息安全，大学需要建立完善的信息安全管理制度，加强对信息系统的安全防护和管理，这包括网络安全防护、数据备份与恢复、用户身份认证与授权等方面的措施。同时，还需要加强对师生的信息安全教育，提高师生的信息安全意识和防范能力。

**（四）加强文化建设**

在治理现代化的时代背景下，加强文化建设对于大学的发展具有举足轻重的意义。它不仅能够提升大学的凝聚力、竞争力，还能增强其社会影响力。塑造共同价值观是大学文化建设的核心。明确并广泛传播学校的核心价值观，能使全体师生员工深刻领悟并认同学校的使命、愿景和目标，这将为学校的发展注入强大的精神动力，引领师生共同追求卓越。培育创新文化是大学文化建设的关键，营造开放、包容的学术氛围，鼓励师生勇于探索、敢于创新。学校应提供充足的资源和支持，激发师生的创新潜力，推动知识的创造和传播。弘扬学术道德是大学文化建设的重要内容，加强学术规范教育，引导师生树立正确的学术观念，严守学术诚信。建立健全学术监督机制，严厉打击学术不端行为，维护学术的纯洁性和权威性。促进多元文化交流是大学文化建设的重要渠道，尊重和包容不同文化背景的师生，提供平等的交流与合作机会。通过举办文化活动、学术研讨会等形式，学校促进了文化的交融与碰撞，培养了学生全球视野和跨文化交流能力。

建设具有特色的校园文化品牌是提升大学知名度和影响力的有效途径。大学应通过举办丰富多彩的文化活动、打造独特的校园文化景观等方式，形成具有吸引力和感染力的校园文化氛围；加强团队合作文化建设，倡导团队精神和协作意识；促进各部门之间的沟通与合作，形成协同治理的良好局面，提高工作效率和质量。推动文化传承与创新是大学的重要职责，既要传承和弘扬优秀的传统文化，又要结合时代需求进行文化创新，使大学文化与时俱进，充满活力；建立科学的文化评估机制，定期对校园文化建设进行评估和反馈；了解师生对文化建设的满意度和需求，及时调整和改进文化建设策略。学校领导应发挥示范引领作用，积极参与文化建设活动，以身作则，引领师生共同参与文化建设，推动校园文化的繁荣发展。加强大学文化建设是一项长期而系统的工程，以上各项举措的实施，能够有助于营造积极向上、富有活力的校园文化氛围，提升大学的整体实力和社会声誉。

## 第二节 大学内部组织治理应遵循的原则

### 一、学术自由原则

#### （一）学术自由的内涵与价值

学术自由的内涵包括学者在研究和教学中享有自由探索、表达和传播知识的权利。这意味着学者可以不受政治、宗教、经济等因素的干扰，自由地选择研究课题、方法和观点。可以挑战传统观念，提出新的理论和见解，推动学术领域的发展和进步。

在大学内部组织治理中，学术自由的价值主要体现在以下几个方面。第一，促进了知识的创新和发展。在自由的学术环境中，学者能够充分发挥创造力，探索未知领域，提出新的理论和观点，为人类知识的积累和进步做出贡献。第二，保障学术的独立性和公正性。学者可以不受外部因素的影响，独立地进行研究和教学，确保学术成果的客观性和可靠性。第三，有助于培养创新人才。在自由的学术氛围中，学生能够培养批判性思维和创新能力，为未来的学术和职业生涯奠定坚实的基础。第四，学术自由推动社会的进步和发展。学术研究的成果可以为社会提供新的思想、技术和解决方案，促进社会的发展和进步。为了保障学术自由，大学内部组织治理需要建立一系列的制度和机制。首先，大学需要建立健全的学术评价体系，确保学术成果的评价客观、公正和透明。其次，大学需要建立健全的学术管理制度，保障学者的研究和教学自由。最后，大学还需要加强学术道德建设，规范学者的学术行为，保障学术的独立性和公正性。

**（二）保障学术自由的制度与措施**

法律法规是保障学术自由的基石。国家应制定明确的法律，规定学术自由的范围和边界，保护学者和学生的权利。这些法律应确保学术研究不受政治、宗教或其他不当干涉，保障学者自由表达观点、进行研究和教学的权利。学术机构内部的制度建设也至关重要。学术机构应制定章程和规章制度，明确学术自由的原则和保障措施。例如，建立独立的学术评审机制，确保学术评价的公正性和客观性；设立学术争议解决机制，保障学者的合法权益。提供充足的研究资源和资金支持，为学术研究创造良好的条件。加强学术道德建设也是保障学术自由的重要方面。学术道德规范应明确规定学者在研究和教学中的行为准则，禁止学术不端行为，如抄袭、剽窃、伪造数据等。学术机构应加强对学术道德的教育和宣传，提高学者的道德意识和自律能力。保障学术自由还需要社会各界的支持和尊重。政府应加大对学术研究的投入，提供良好的科研环境和政策支持；媒体应客观报道学术研究成果，避免对学术自由的不当干涉；公众应尊重学者的专业知识和研究成果，营造宽松的学术氛围；国际合作也是保障学术自由的重要途径。各国应加强学术交流与合作，共同推动学术自由的发展。

## 二、民主管理原则

### （一）民主管理的概念与意义

民主管理是一种管理理念和方式，强调组织成员的参与和决策过程的民主化。民主管理的概念包括以下几个方面。一是大学内部的各个利益相关者，如教师、学生、行政人员等，都有权参与决策过程；二是强调信息的公开透明，确保所有成员都能获得相关信息，以便做出明智的决策；三是注重平等和公正，尊重每个成员的意见和建议，避免权力的滥用。

在大学内部组织治理中，民主管理的意义主要体现在以下几个方面：第一，民主管理可以提高决策的质量和合理性。通过广泛征求意见和建议，学校能够汇集各方智慧，使决策更加科学、全面，符合大学的发展需求和利益。第二，民主管理有助于增强组织成员的归属感和责任感。当成员参与决策过程时，他们会更加认同组织的目标和价值观，积极主动地为实现这些目标而努力。第三，民主管理还可以促进沟通与合作。在民主的氛围中，成员间更容易进行坦诚的交流和合作，共同解决问题，提高工作效率和组织绩效。第四，民主管理有利于培养学生的民主意识和参与能力。大学作为培养未来社会领导者的场所，通过实施民主管理，可以让学生在实践中学习和体验民主的原则和方法，为他们今后参与社会事务奠定基础，提高决策质量，增强成员的归属感和责任感，促进沟通与合作，培养学生的民主意识和参与能力，从而推动大学的发展和进步。

### （二）实现民主管理的途径与方法

实现民主管理的途径与方法是多样的，包括建立参与机制，如学生会、教职工代表大会、学术委员会等，让师生员工能够参与到学校的管理和决策过程中；信息公开透明，大学应该公开透明地发布学校的管理信息，让师生员工了解学校的管理情况和决策过程，提高他们的参与度和满意度；平等对待师生员工，尊重他们的权益，让他们感受到自己是学校的主人，从而提高他们的参与度和满意度；加强与师生员工的沟通与协商，了解他们的需求和意见，及时解决他们的问题和困难，从而提高他们的参与度和满意度；加强对师生员工的培训与教育，提高他们的民主意识和参与能力，让他们更好地参与到学校的管理和决策过程中。

## 三、依法治校原则

### （一）依法治校的内涵和要求

依法治校是现代大学治理的基本理念和重要原则，在大学内部组织治理中，依法治校不仅是一种管理方式，更是一种价值追求，它对于保障学校的稳定发展、维护师生的合法权益和促进学校的和谐进步具有重要意义。改革开放后，为推动高等教育发展，党和国家领导人将重点放在建设教育法制上，开启了依法治教、依法治校的进程，以实现大学治理的“有法可依”（冷向宇，2021）①。

依法治校的内涵主要包括四个方面。一是依法治理。大学的管理和决策必须依据法律法规进行，确保学校的各项工作在法律框架内有序开展。建立健全的规章制度体系，明确各部门人员的职责和权利，规范管理流程和行为准则。二是民主管理。依法治校强调学校的管理应充分体现民主原则，保障师生的参与权和知情权。建立健全民主管理机制，鼓励师生积极参与学校的管理和决策，充分听取他们的意见和建议。三是公正公平。依法治校要求学校在管理和决策中坚持公正公平的原则，对待师生一视同仁，不偏袒任何一方。大学应建立健全公正公平的评价机制和奖惩制度，激励师生积极进取，共同推动学校的发展。四是服务社会。大学作为社会的重要组成部分，应当承担起服务社会的责任。依法治校要求学校在管理和决策中充分考虑社会的需求和利益，积极开展社会服务活动，为社会的发展做出贡献。

依法治校的要求主要包括五个方面。一是加强法律法规学习。学校领导和管理人员应带头学习法律法规，增强法律意识和法治观念，增强依法办事的能力和自觉性。同时，学校应加强法律教育和宣传，提高师生的法律素养。二是完善规章制度体系。学校应根据法律法规的要求，结合学校的实际情况，建立健全完善的规章制度体系。规章制度应具有科学性、合理性和可操作性，能够有效地规范学校的管理和决策行为。三是加强民主管理机制建设。学校应建立健全民主管理机制，充分发挥师生的主体作用，鼓励他们积极参与学校的管理和决策。民主管理机制包括民主选举、民主决策、民主监督等方面，确保

① 冷向宇．新中国大学治理法治化演进的历程、经验、难点及思考［J］．河南大学学报（社会科学版），2021，61（6）：108-113．

师生的参与权和知情权得到充分保障。四是加强公正公平机制建设。学校应建立健全公正公平的评价机制和奖惩制度，激励师生积极进取，共同推动学校的发展。评价机制和奖惩制度应具有科学性、合理性和公正性，能够有效地激励师生的积极性和创造性。五是加强服务社会机制建设。学校应建立健全服务社会机制，积极开展社会服务活动，为社会的发展做出贡献。

### （二）建立健全依法治校的制度体系

在大学内部组织治理中，建立健全依法治校的制度体系至关重要。这一体系应涵盖学校管理的各个方面，包括教学、科研、行政和学生事务等。通过明确的规章制度，学校能确立各部门人员的职责与权限，规范其行为准则，确保各项工作有章可循。制度体系包括以下几个方面：一是完善的章程，作为学校的根本大法，章程应明确学校的性质、宗旨、目标以及治理结构等基本事项；二是规范的管理制度，涵盖教学管理、科研管理、人事管理和财务管理等各个领域，确保各项工作的规范化和标准化；三是健全的决策机制，明确决策程序和责任，保障决策的科学性和民主性；四是有效的监督机制，包括内部监督和外部监督，确保制度的执行和落实；五是纠纷解决机制，建立健全校内申诉、调解等机制，及时处理师生的纠纷和问题。通过建立健全依法治校的制度体系，大学能够保障学校的稳定发展，为教学、科研等工作提供良好的制度环境；维护师生的合法权益，确保师生在学校中的权利得到充分保障；提高学校管理的效率和水平，促进学校各项事业的顺利发展；增强学校的公信力和社会声誉，提升学校的综合竞争力。

## 四、权责明确原则

### （一）明确各治理主体的权责关系

在大学内部组织治理的过程中，明确各治理主体的权责关系至关重要。大学治理结构的现代化需要解决大学行政利益主体与学术利益主体之间的权责关系，并协调平衡组织结构和权力结构的合理配置，实现学术权力与行政权力的有效分离（眭依凡和王改改，2021）①。

学校的领导团队作为大学治理的核心力量，肩负着制定学校整体

---

① 眭依凡，王改改．大学治理体系与治理能力现代化：高质量高等教育体系建设的必然选择［J］．中国高教研究，2021（10）：8-13．

发展战略与规划的重任，引领着学校各项工作的前进方向。行政部门是学校治理的重要组成部分，负责处理学校的日常管理事务并提供全面的服务支持，为学校的平稳运行提供坚实保障。学术委员会作为学校治理的学术权威机构，专注于学校的学术事务，致力于确保学校的学术水平和质量保持在较高水准。教师作为大学治理的主体之一，承担着教学与科研的双重职责，不仅要传授知识，还要积极参与学术研究，为学生的成长和发展提供专业的指导与帮助。学生作为大学治理的重要参与者，主要责任是专注于学习和生活，同时也为学校的发展注入源源不断的动力和支持。

在大学内部组织治理的实践中，明确各治理主体的权责关系，需要构建一套健全且完善的治理机制和制度体系。这些机制和制度体系应当清晰地界定各治理主体的具体职责和权力范围，规范各治理主体的行为准则和决策流程，切实保障各治理主体的合法权益，积极促进各治理主体之间的有效沟通和紧密协调，从而显著提高大学治理的水平。

**（二）建立有效的权责制衡机制**

在大学内部组织治理的复杂体系中，构建行之有效的权责制衡机制显得尤为关键。这一机制的建立，旨在确保各个治理主体在行使自身职权的过程中，能够受到其他相关主体的有效监督与合理制约，从而最大限度地规避权力滥用现象的发生，以及责任缺失问题的出现。

具体而言，通过制定清晰明确的权力清单与责任清单，大学能够精准地划定各个治理主体的职责范畴与权力边界，有效防止权力过度集中于某一特定主体，或者因职责界定模糊而导致的管理混乱。与此同时，专门设立具备高度独立性与权威性的监督机构，如监事会或审计委员会等，对学校的重大决策以及日常管理工作进行全面、深入的监督与审查，确保所有决策与管理行为均符合法律法规的要求。此外，积极推行透明、公开的信息披露制度，使得广大师生员工能够及时、全面地了解学校的各项决策制定过程以及管理运营状况。这种高度透明的信息公开机制，不仅能够显著降低信息不对称带来的潜在风险，还有助于在各个治理主体之间营造一种相互监督、相互制约的良好氛围。

构建一套切实可行、科学合理的权责制衡机制，是大学内部组织治理的核心任务之一。这不仅有利于提升学校的整体管理效能与决策质量，而且能够充分保障师生员工的合法权益，为学校的长期稳定发展奠定坚实基础。

## 五、科学决策原则

### （一）科学决策的重要性与意义

科学决策是大学治理的前提，多元共治是大学治理的要义（史吉海和史华楠，2023）①，是确保大学能够高效运作、合理分配资源，并实现其长期发展目标的关键因素。通过科学决策，大学能够更好地应对各种挑战，抓住各种机遇，从而做出明智选择，提高整体竞争力和社会影响力。

科学决策的重要性体现在多个方面。首先，它有助于提高决策的准确性和可靠性。基于充分的信息收集和深入分析，科学决策能够减少主观偏见和盲目猜测，使决策更加符合实际情况和发展需求。其次，科学决策能够促进资源的合理配置。通过对各种资源的评估和比较，大学可以将有限的资源投入最需要的领域，实现资源的最大化利用。最后，科学决策还能够增强大学的创新能力和适应性。大学鼓励各方面参与讨论，充分发挥集体智慧，为大学的改革和发展提供新的思路和方法。科学决策还有助于增强大学的公信力和社会声誉。透明、公正的决策过程能够赢得师生和社会的信任和支持，提高大学的社会形象和认可度。同时，科学决策也能够促进大学与社会的互动和合作，为大学的发展创造更好的外部环境。

科学决策在大学内部组织治理中具有不可替代的作用。它是推动大学持续发展和进步的关键因素，也是提高大学管理水平和社会影响力的重要保障。因此，大学应该高度重视科学决策，建立健全科学决策机制，提高决策的科学性和民主性，为实现大学的长期发展目标奠定坚实的基础。

### （二）提高科学决策水平的方法与途径

构建科学的决策机制是提高科学决策水平的基石。大学应设立完备的决策机构和规范的决策程序，明确决策主体及其权限，以确保决

① 史吉海，史华楠．中国式“教授治校”和“教授治学”的理论分歧与制度耦合［J］．复旦教育论坛，2023，21（4）：36-42.

策的科学性和民主性。强化信息收集与分析是提升科学决策水平的重要途径。大学需构建完善的信息收集与分析机制，加强对内部和外部信息的收集与分析，为决策提供可靠依据。提高决策参与者的素养和能力是保障科学决策水平的关键。大学应加强对决策参与者的培训与教育，提升其政治素养、业务能力和决策水平，为科学决策提供人才支撑。加强决策的监督与评估是提升科学决策水平的重要环节。大学应建立健全决策监督与评估机制，及时发现并纠正决策中存在的问题，持续提升科学决策水平。

## 六、公开透明原则

### （一）公开透明的内涵与要求

在大学内部组织治理中，公开透明原则要求学校的决策过程、信息、管理过程等都能被师生员工和社会公众所知晓。具体而言，要做到决策过程公开，让大家了解依据、程序和结果；信息公开，涵盖财务、人事、教学质量等方面；管理过程公开，如招生、招聘工作的流程和标准等；并保持沟通渠道畅通，方便师生表达意见。公开透明能增强信任、促进参与、提高效率和加强监督。为实现这一目标，学校可建立健全信息公开制度，加强宣传教育，利用现代信息技术拓宽渠道，建立反馈机制处理意见建议。

### （二）实现公开透明的制度与措施

首先，建立信息公开制度是实现公开透明的基础。大学应该制定详细的信息公开目录，明确公开的内容、范围、方式和时间等，确保师生员工和社会公众能够及时、准确地获取所需信息。建立信息反馈机制，及时收集师生员工和社会公众对信息公开工作的意见和建议，不断改进信息公开工作。其次，加强沟通与交流是实现公开透明的重要途径。大学应该建立健全沟通机制，加强与师生员工和社会公众的沟通与交流，及时了解他们的需求和意见，积极回应他们的关切和质疑。加强与媒体的合作，及时发布学校的重要信息，提高学校的知名度和影响力。此外，建立监督机制是实现公开透明的重要保障。大学应该建立健全监督机制，加强对内部组织治理的监督和评估，及时发现和纠正存在的问题，确保公开透明的制度和措施得到有效落实。加强对师生员工的教育和培训，提高他们的监督能力，共同推动学校的工作公开透明。

在数字信息技术的支撑下，现代大学的民主管理在不断优化。人们借助互联网等技术工具，参与教育事务的途径变得更为多样和便捷，教育信息公开透明、决策民主等成为新的技术环境下大学治理的必然趋势（徐丹丹和冯锐，2023）①。

## 第三节　大学内部组织结构的类型与特点

### 一、直线职能制

采用直线职能制的大学管理分为两个层次：直线管理层和职能管理层。直线管理层由校长、副校长和各学院院长组成，他们负责制定大学的发展战略和决策，并直接管理学校的各项事务。校长是大学的最高领导者，负责全面管理学校的工作，包括教学、科研、行政和财务等方面。副校长协助校长工作，负责分管学校的某一方面。各学院院长是学院的最高领导者，负责全面管理学院的工作。职能管理层由教务处、学生处、财务处和人事处等职能部门组成，他们负责为直线管理层提供专业的支持和服务，并协助直线管理层完成学校的各项工作。教务处负责学校的教学管理工作，包括教学计划、教学质量、教学评估等。学生处负责学校的学生管理工作，包括学生思想政治教育、学生事务管理、学生资助等。财务处负责学校的财务管理工作，包括预算编制、财务核算、财务监督等。人事处负责学校的人事管理工作，包括人才引进、人员调配、绩效考核等。

直线职能制的优点是管理层次分明，职责明确，便于统一指挥和协调。同时，职能部门的专业化管理也能够提高管理效率和质量。直线职能制的缺点是职能部门之间的沟通和协调会存在困难，导致工作效率低下。此外，直线管理层的权力过于集中，会导致决策的主观性和片面性。为了克服直线职能制的缺点，大学可以采取以下措施。

1. 加强职能部门之间的沟通和协调，建立有效的信息共享机制。大学可以通过定期的工作会议、组建协调小组等方式，加强职能部门之间的沟通和协调，及时解决工作中出现的问题。

2. 适当下放权力，让学院和系部在一定程度上自主管理。大学可

---

① 徐丹丹，冯锐．技术赋权视阈下的现代大学制度及其未来走向［J］．高教探索，2023，(4)：5-11.

以通过建立学院和系部的自主权制度，让学院和系部在教学、科研、人事等方面有一定的自主权，提高学院和系部的工作积极性和创造性。

3. 建立健全决策机制，提高决策的科学性和民主性。大学可以通过建立健全的决策机制，如专家咨询制度、民主决策制度等，提高决策的科学性和民主性，避免决策的主观性和片面性。

4. 加强对管理人员的培训和考核，提高他们的管理水平和素质。大学可以通过加强对管理人员的培训和考核，提高他们的管理水平和素质，使他们能够更好地适应大学管理工作的需要。

## 二、事业部制

推动大学治理从直线型转变为扁平化，从科层制转变为事业部制，是当前大学治理改革的重要方向。事业部制是一种将大学按照学科或专业领域划分为不同的事业部的组织形式。每个事业部都拥有相对独立的教学、科研和行政权力，同时接受学校的总体领导和协调。这种组织结构的优点主要体现在以下几个方面。

1. 提高管理效率。通过将大学划分为多个事业部，学校管理层可以减少管理层次，提高决策效率。每个事业部都可以根据自身的特点和需求，制定相应的管理政策和措施，从而更好地满足学生和教师的需求。

2. 增强学科竞争力。在事业部制下，每个事业部都可以专注于自身的学科建设和发展，制定相应的发展战略和规划。这样可以更好地发挥学科优势，提高学科建设水平，增强学校在国内外的竞争力。

3. 提高教学质量。每个事业部都可以根据自身的特点和需求，制定相应的教学计划和课程体系，从而更好地满足学生的学习需求。同时，事业部制还可以促进教师之间的交流和合作，提高教学水平和教学质量。

4. 增强学校的适应性。在事业部制下，每个事业部都可以根据社会和市场的需求，及时调整学科建设和发展方向，从而更好地适应社会和市场的变化。同时，事业部制还可以促进学校与企业之间的合作，提高学校的社会服务能力和影响力。

在实施事业部制的过程中，也需要注意以下几个方面的问题。

1. 明确事业部的职责和权力。在实施事业部制之前，学校需要明确每个事业部的职责和权力，避免出现职责不清、权力不明的情况。

同时，学校还需要建立相应的管理制度和监督机制，确保事业部运作符合学校整体发展战略和规划。

2. 建立有效的沟通和协调机制。在实施事业部制后，学校需要建立有效的沟通和协调机制，确保各个事业部能够及时有效地沟通和协调。同时，学校还需要加强与外部相关机构的沟通和协调，争取更多的支持和资源。

3. 加强对事业部的考核和评价。在实施事业部制后，学校需要建立科学合理的考核评价体系，对各个事业部的工作进行全面、客观、公正的考核和评价。同时，学校还需要根据考核评价结果，及时调整事业部的发展战略和规划，确保事业部的运作符合学校整体发展战略。

## 三、矩阵制

矩阵制是先将大学按照学科或专业领域划分为不同的部门，再将这些部门按照教学、科研、社会服务等职能进行分类，形成一个矩阵式的组织结构。在这种组织结构中，每个部门都有自己的负责人，同时又有一个跨部门的协调机构，负责协调各个部门之间的工作。矩阵制的优点主要体现在以下几个方面。

1. 矩阵制可以充分发挥各个部门的专业优势。在大学内部，不同的学科和专业领域都有其独特的特点和需求。按照学科或专业领域划分为不同的部门，可以更好地满足这些需求，提高教学和科研的质量。

2. 矩阵制可以加强各个部门之间的协调和合作。在大学内部，不同的部门之间往往存在着密切的联系和合作。通过建立跨部门的协调机构，大学可以更好地协调各个部门之间的工作，提高工作效率和质量。

3. 矩阵制可以提高大学的管理水平和服务质量。在大学内部，管理和服务工作是非常重要的。通过建立矩阵式的组织结构，大学可以更好地整合管理和服务资源，提高管理水平和服务质量。

4. 矩阵制可以加强大学与社会之间的联系和合作。在当今社会，大学与社会之间的联系和合作越来越密切。通过建立矩阵式的组织结构，大学可以更好地整合社会资源，加强大学与社会之间的联系和合作，提高大学的社会影响力和竞争力。

矩阵制也存在一些不足之处。例如，矩阵制会导致部门职责不清、权力不明，还会导致管理成本的增加。为了充分发挥矩阵制的优点，避免其不足之处，在实施矩阵制的过程中，需要注意以下几个方面的问题：

1. 需要加强对矩阵制的管理和监督。在实施矩阵制之后，需要进一步强化对矩阵制的管理和监督，确保矩阵制的运作与学校的整体发展战略保持高度一致。

2. 需要建立科学的绩效考核体系。矩阵制中，员工的工作绩效需要综合考虑多个因素，因此需要建立科学的绩效考核体系。通过制定明确的绩效指标、建立多元化的评价体系、加强绩效反馈和沟通等方式，大学能提高绩效考核的科学性和公正性。

3. 需要不断优化矩阵制的组织结构。在实施矩阵制的过程中，需要不断优化矩阵制的组织结构，使其更加符合学校的发展需求和实际情况。

## 四、网络制

在大学内部组织结构中，网络制作为一种创新的组织形式正逐渐受到关注。它强调通过网络技术实现信息的快速传递与共享，以及各部门之间的紧密合作与协调。网络制的特点在于打破了传统组织结构中部门之间的界限，使信息能够在整个大学内部自由流通。通过建立高效的信息平台，大学各个部门可以实时获取所需信息，避免了信息孤岛的出现。同时，网络制还促进了跨部门的合作与协同工作。不同部门的人员可以通过网络平台进行沟通、协作，共同解决问题，提高工作效率。

网络制在大学内部组织治理方面具有重要意义。第一，网络制有助于实现民主管理。网络平台为师生提供了参与决策的渠道，使他们能够表达自己的观点，增强了学校管理的透明度和公正性。第二，网络制有利于科学决策。通过对大量信息的收集和分析，学校管理层能够做出更加科学、合理的决策，提高决策的准确性和有效性。第三，网络制还能够提高管理效率，信息的快速传递和处理减少了烦琐的中间环节，使管理工作更加高效、便捷。为了更好地发挥网络制的优势，大学需要在以下几个方面做出努力：加强信息化建设，建立完善的信息平台，确保信息的安全、准确和及时传递；培养员工的网络意识和协作能力，通过培训和教育，提高员工对网络制的认识和应用能力，促进跨部门合作；优化管理流程：根据网络制的特点，对现有管理流程进行优化，提高工作效率和质量；建立有效的监督机制，确保网络制的运行符合学校的规章制度和发展战略。

## 第四节 现有大学内部组织结构的问题与挑战

### 一、现有大学内部组织结构存在的问题

层级过多。大学内部可能存在过多的层级，导致信息传递缓慢、决策过程复杂，并且限制基层员工的参与和创新。过多的层级不仅会增加管理成本，还会降低管理效率，导致信息传递失真和误解，影响决策的科学性和准确性。

部门之间存在壁垒。不同部门之间存在沟通不畅、合作困难的问题，导致工作效率低下、资源浪费。部门之间的壁垒还会导致信息孤岛的出现，影响学校的信息化建设。

权力集中。权力过于集中在少数高层领导手中，导致决策缺乏多样性和参与性。不仅会影响学校的民主管理，还会影响学校的创新能力和竞争力。此外，权力集中还会导致腐败和权力寻租的出现，影响学校的声誉和形象。

缺乏灵活性。大学内部组织结构过于僵化，难以适应快速变化的外部环境和学生需求，导致学校在竞争中处于劣势。缺乏灵活性不仅会影响到学校的发展和创新，还会影响学生的就业和创业。缺乏灵活性还会导致学校的管理效率低下，影响学校的整体形象。

资源分配不均。资源在不同部门之间分配不均，会导致一些部门资源匮乏，另一些部门资源过剩，影响学校的整体发展。资源分配不均不仅会影响学校的教学和科研水平，还会影响学生的学习和生活。此外，还会导致学校内部矛盾和冲突的出现，影响学校的稳定和谐。

评估和反馈机制不完善。大学内部缺乏有效的评估和反馈机制，无法及时发现问题和改进工作，影响学校的质量和声誉。同时，会导致学校的管理效率低下，影响学校的整体形象。

### 二、改进措施

简化层级结构。学校通过减少层级，可以缩短信息传递的路径，提高决策速度；同时，鼓励基层员工的参与和创新，可以激发他们的工作积极性和创造力，为学校的发展提供更多的动力。

促进部门之间的沟通与合作。建立有效的沟通渠道和合作机制，可以促进不同部门之间的信息共享和协同工作，避免出现重复劳动和资源浪费的情况。同时，加强部门之间的合作，可以提高工作效率，为学校的发展创造更好的条件。

分散权力。适当分散权力，让更多的人参与决策过程，可以提高决策的多样性和参与性，避免出现权力过于集中的情况。同时，分散权力也可以促进基层员工的发展和创新，为学校的发展提供更多的人才支持。

增加灵活性。建立灵活的组织结构，能够快速适应外部环境和学生需求的变化，避免出现因组织结构僵化而导致的管理效率低下的情况。同时，增加灵活性也可以提高学校的竞争力，为学校的发展赢得更多的机会。

优化资源分配。根据学校的战略目标和需求，合理分配资源，确保各个部门都能够得到充分的支持和发展，可以避免出现资源浪费和资源不足的情况。同时，优化资源分配也可以提高学校的整体效益，为学校的发展提供更多的资金支持。

建立完善的评估和反馈机制。定期对大学内部组织结构进行评估和反馈，及时发现问题并采取措施进行改进，可以避免出现问题积累和管理失控的情况。同时，建立完善的评估和反馈机制可以提高学校的管理水平和声誉，为学校的发展创造更好的环境。

## 第五节　基于治理现代化的大学内部组织结构优化策略

### 一、适应新质生产力发展

#### （一）优化教学科研组织架构

在大学内部组织治理中，优化教学科研组织架构是至关重要的一环。通过合理的架构调整，大学可以更好地整合资源，提高教学和科研的质量与效率。设立跨学科研究中心和实验室是促进学科交叉融合的有效途径。不同学科的教师和学生可以在这些平台上进行交流与合作，共同攻克复杂的科学难题。这不仅有助于拓宽学术视野，还能培养学生的创新思维和综合能力。建立产学研合作平台加强了大学与企业和社会的联系，通过与企业的合作，大学能够更好地了解市场需求和产业发展趋势，将科研成果转化为实际生产力。社会资源的引入为大学的发展提供了更多的支持和机遇。根据学科发展的需求和学校的战略规划，对学院和系进行合理的调整和整合，可以避免资源的重复配置，提高管理效率。建立学科群、专业群，加强学科之间的协同发展，提高整体竞争力。

在优化教学科研组织架构的过程中，还需要注重以下几点：一是要充分发挥教师和学生的主体作用，广泛征求他们的意见和建议；二是要建立科学的评估机制，对组织架构的调整效果进行及时评估和反馈；三是要加强组织文化建设，营造积极向上、团结协作的工作氛围。

### （二）创新人才培养模式

创新人才培养模式是指在大学教育中，通过改革教学方法、课程设置和实践教学等环节，培养具有创新精神和实践能力的高素质人才。在大学内部组织治理中，需要建立健全创新人才培养模式的管理机制。这包括制定相关政策和规章制度，明确各部门人员的职责和任务，加强对创新人才培养模式的监督和评估。同时，还需要加强师资队伍建设，增强与提高教师的创新意识和实践能力，为创新人才培养模式提供有力的支持。在教学方法方面，需要采用多样化的教学方法，如项目驱动教学法、案例教学法和小组讨论教学法等，激发学生的学习兴趣和创新思维。在课程设置方面，需要加强基础课程和专业课程的融合，注重培养学生的综合素质和实践能力。在实践教学方面，需要加强实验室建设和实习基地建设，为学生提供更多的实践机会和实践平台。

在优化创新人才培养方案的过程中，大学内部组织治理起着至关重要的作用。大学需要建立健全的组织管理体系，加强各部门之间的协作与沟通，确保人才培养方案的顺利实施。例如：明确各部门的职责和权限，建立科学合理的决策机制和执行机制；加强师资队伍建设，提高教师的教学水平和科研能力，为优化人才培养方案提供有力的支持；加强与企业、社会的合作与交流，拓宽人才培养的渠道。

## 二、应对科技革命和产业变革的结构优化

### （一）优化专业设置

随着科技飞速发展和产业不断升级，社会对人才的需求也发生了

深刻变化。大学作为人才培养的重要基地，必须紧密结合社会需求，不断优化专业设置，提高人才培养质量。优化专业设置是大学适应科技革命和产业变革的必然要求。科技革命和产业变革带来了新的技术、新的产业和新的商业模式，对人才也提出了新的要求，大学必须及时调整专业设置，培养适应社会需求的高素质人才。优化专业设置是提高大学教育质量的关键所在，大学必须根据社会需求和自身优势，优化专业设置，提高专业建设水平，培养具有创新精神和实践能力的高素质人才，建立科学合理的专业设置机制，加强专业建设和管理，提高专业建设水平和人才培养质量。

### （二）加强学科建设

以“双一流”建设为背景，有学者提出中国大学学科治理是实现大学治理现代化的基本条件，并强调大学治理应坚定国家价值导向，深入理解学科建设的内在逻辑，通过学科建设推动大学治理现代化（刘烊铭和张红伟，2023）①。大学内部组织治理需要为学科建设提供有力的支持和保障。首先，大学需要建立健全学科建设的组织管理体系，明确各部门的职责和权限，加强协调和沟通，形成合力。其次，大学需要加强学科建设的规划和指导，制定科学合理的学科建设规划和实施方案，明确学科建设的目标和任务，加强对学科建设的过程管理和监督。最后，大学还需要加强学科建设的资源保障，加大对学科建设的投入力度，提高学科建设的资源配置效率，为学科建设提供充足的物质保障和条件支持。

## 三、数字化时代的组织结构变革

### （一）推进信息化建设

将高校教育信息化建设的推进机制与大学治理现代化相结合，既有利于推进信息化建设的良性发展，也有助于促进信息化建设与大学内部组织治理目标相统一（田生湖和赵学敏，2017）②。在推进信息化建设的过程中，大学需要加强信息化基础设施建设，确保网络的稳定

① 刘烊铭，张红伟．中国大学治理研究：热点前沿与理论框架构建［J］．西南民族大学学报（人文社会科学版），2023，44（12）：232-240.

② 田生湖，赵学敏．现代教育治理视域下高校信息化建设推进机制研究［J］．电化教育研究，2017，38（6）：71-75.

和安全；培养师生的信息化素养，提高他们对信息技术的应用能力；建立健全信息化管理制度，规范信息化建设的流程和标准；加强与外部机构的合作与交流，借鉴先进的信息化建设经验。为了更好地推进信息化建设，大学应将其纳入内部组织治理体系；成立专门的信息化建设领导小组，负责统筹规划和协调推进信息化建设工作；明确各部门在信息化建设中的职责和任务，形成协同工作的合力。此外，大学还应建立信息化建设的评估机制，定期对信息化建设的成效进行评估和反馈，及时调整和优化建设方案。通过不断推进信息化建设，大学将更好地适应数字化时代的发展要求，提升内部组织治理水平，为培养高素质人才和推动学术研究提供有力支持。

### （二）优化管理流程

优化管理流程是大学内部组织治理的重要环节。大学通过对管理流程的优化，可以减少烦琐的环节，提高工作效率，降低管理成本。同时，优化管理流程还可以提高管理的透明度和公正性，增强师生对学校管理的信任和支持。在数字化时代，大学可以利用信息技术手段优化管理流程。例如：建立信息化管理平台，实现管理信息的快速传递和共享，提高管理决策的科学性和准确性。同时，利用大数据技术对管理数据进行分析和挖掘，为管理决策提供有力支持。此外，大学还可以通过优化组织架构来优化管理流程。例如，建立扁平化的组织架构，减少管理层级，提高管理效率；建立跨部门的工作团队，加强部门之间的沟通和协作，提高管理效率和质量。

### （三）加强数据管理和应用

加强数据管理和应用可以提高大学内部组织治理的效率和决策的科学性。通过建立完善的数据管理体系，大学可以实现对数据的集中管理和共享，避免数据的重复采集和浪费。同时，通过对数据的分析和挖掘，大学可以发现潜在的问题和机会，为决策提供科学依据。加强数据管理和应用还可以促进大学内部组织的协同创新。通过建立数据共享平台，大学可以打破部门之间的信息壁垒，实现数据的流通和共享。这有助于促进不同部门之间的协同创新，提高大学的整体创新能力。为了加强数据管理和应用，大学需要建立完善的数据管理制度和流程，加强数据安全管理，提高数据质量和数据可用性；同时，加强数据方面的人才培养，提高师生的数据素养和数据应用能力。

## 四、适应创新型人才培养等国家战略

### （一）加强师资队伍建设

在适应新质生产力发展的过程中，大学内部组织治理应当将加强师资队伍建设视为至关重要的任务。师资队伍作为大学教育的核心力量，他们的专业素养和教学能力直接决定着学生的培养质量，进而影响学校的整体发展水平。为了切实加强师资队伍建设，大学需要采取一系列行之有效的措施。首先，要进一步加大人才引进的力度，通过提供具有竞争力的薪酬待遇和良好的发展空间，吸引更多的优秀人才投身教育事业。其次，要高度重视教师培训工作，不断提升教师的专业素养和教学能力。学校可以组织各种形式的培训活动，如教学研讨会、学术讲座、教学观摩等，为教师提供学习和交流的平台。同时，学校可鼓励教师参加国内外的学术会议和培训课程，拓宽视野，更新知识结构，在人才培养、科学研究、师资队伍建设以及完善现代大学治理体系等方面彰显自身办学特色和传统优势，努力构建“特色鲜明、多元充实”的国际交流合作新局面（田生湖和赵学敏，2021）①。最后，建立健全科学合理的教师评价机制也非常重要，通过制定明确的评价标准和指标体系，对教师的教学、科研和社会服务等方面进行全面、客观、公正的评价。评价结果应与教师的薪酬待遇、职称晋升、岗位聘任等挂钩，激励教师积极投入教学和科研工作。

### （二）推进创新创业教育

在应对科技革命和产业变革的结构优化中，推进创新创业教育具有至关重要的意义。大学作为培养创新人才的重要基地，应积极调整内部组织治理，以更好地推进创新创业教育。首先，设立专门的创新创业教育机构，负责统筹规划、组织实施和协调管理创新创业教育工作。该机构应与学校的其他部门密切合作，形成协同育人的良好机制。其次，优化课程体系。将创新创业教育融入专业教育，开设创新创业基础课程、专业课程和实践课程，形成多层次、多元化的课程体系。再次，搭建创新创业实践平台。大学应整合校内资源，建立创新创业实验室、创业孵化基地等实践平台，为学生提供实践机会和创业支持。

① 田生湖，赵学敏．现代教育治理视域下高校信息化建设推进机制研究［J］．电化教育研究，2017，38（6）：71-75.

最后，完善评价机制。建立科学合理的创新创业教育评价指标体系，对学生的创新创业成果进行客观评价，激励学生积极参与创新创业活动。创新创业教育亟须有效的大学治理作为保障。推行创新创业教育可以说是一场系统性变革，因为它需要从观念转变入手，再系统设计相应的教育制度，最终落实到具体行动中，并且在整个过程中需要不断丰富完善，充实教育理念，改进行动效果，所以这场改革牵一发而动全身（王洪才，2023）①。

① 王洪才．创新创业教育：高等教育普及化的核心命题［J］．四川师范大学学报（社会科学版），2023，50（5）：117-123.

# 第四章 大学内部组织治理能力提升与治理路径

## 第一节 治理能力的内涵与构成要素

### 一、治理能力内涵

大学内部组织治理能力是指大学内各组织在治理过程中所具备的能力素质和专业化水平，是实现自身目标和使命的重要保障，能平衡各相关主体的利益与诉求。它主要包括以下几个方面：决策能力，指的是大学内部各个组织在制定决策时所具备的能力，包括信息收集、分析、判断和决策制定等；执行能力，指的是大学内部各个组织在执行决策时所具备的能力，包括组织协调、资源配置、任务分解和监督评估等；沟通能力，指的是大学内部各个组织在沟通协调时所具备的能力，包括信息传递、意见交流、冲突解决和合作共赢等；创新能力，指的是大学内部各个组织在创新发展时所具备的能力，包括理念创新、制度创新、方法创新和技术创新等；学习能力，指的是大学内部各个组织在学习成长时所具备的能力，包括知识获取、经验积累、反思总结和能力提升等。

### 二、治理能力构成要素

大学内部组织治理能力的内涵和构成是相互关联、相互影响。大学内部组织治理能力的构成要素包括以下几个方面：治理结构，指大学内部各个组织之间的关系和权力分配，包括学校领导体制、管理体制、学术体制和民主监督体制等；治理机制，指大学内部各个组织在治理过程中所遵循的规则和程序，包括决策机制、执行机制、沟通机制、创新机制和学习机制等；治理文化，指大学内部各个组织在治理过程中所形成的共同价值观和行为准则，包括责任意识、服务意识、创新意识、合作意识和学习意识等；治理人员，指大学内部各个组织在治理过程中所涉及的人员，包括学校领导、管理人员、教师和学生等；治理资源，指大学内部各个组织在治理过程中所需要的资源，包括人力资源、物力资源、财力资源和信息资源等；治理经验，指大学内部各个组织在治理过程中所积累的知识、经验和技能，包括经验积累、经验总结和经验传承等。

## 第二节　治理能力提升的必要性与紧迫性

提升大学内部组织治理能力是新时代高校提高综合竞争力的内在需求，能提高教育质量，提高教育质量，促进产学研结合，增强国际竞争力。因此，大学必须高度重视内部组织治理能力的提升，采取有效措施，不断推进内部组织治理体系和治理能力现代化。

### 一、适应新时代发展的需要，提高教育质量

随着科技的飞速发展和社会的不断进步，大学面临着前所未有的机遇和挑战。提升大学内部组织治理能力，有助于大学更好地适应新时代的发展要求，增强大学的适应能力和应变能力，培养更多适应社会需求的高素质人才。大学的核心任务是培养人才，而教育质量是衡量大学水平的重要标准。教育质量是大学的生命线，而提升大学内部组织治理能力是提高教育质量的重要保障。大学应通过优化组织架构、完善管理制度、加强师资队伍建设等措施提高大学教育教学水平，优化教育资源配置，为学生提供更好的教育服务。

### 二、推动科技创新，增强竞争力

大学是科技创新的重要力量，科学研究需要良好的组织治理环境，提升大学内部组织治理能力有助于推动科技创新、加强科研管理、优化科研资源配置、提高科研人员的积极性和创造性等，为国家科技进步做出更大贡献，积极应对科技革命和产业变革。大学要培养人才和开展科学研究，为社会提供服务。产学研结合是大学服务社会的重要途径，而提升大学内部组织治理能力有助于促进产学研结合。大学通过加强与企业、政府等社会各界的合作，建立健全产学研合作机制，提高自身的社会服务能力，为地方经济社会发展做出更大贡献。随着全球化深入发展，大学面临着日益激烈的国际竞争，大学国际化进程日益加快。提升大学内部组织治理能力，有助于大学更好地参与国际竞争，提高国际影响力。大学通过加强国际交流与合作，引进国际先进教育理念和管理经验等来提高大学国际竞争力，为国家现代化建设做出贡献。

# 第三节 提升治理能力的策略与途径

## 一、提升治理能力的策略

### （一）多维协同模式

多维协同模式①具体是指在组织或团队的内部，借助不同维度之间的协同合作，来达成更为高效的工作状态以及更为出色的绩效成果。该模式着重强调各个维度之间的互动以及协调配合，以此实现整体的协同效果。多维协同模式需要将各个维度所具备的资源、能力以及经验加以综合，进而形成整体性的协同效应。在此过程中，各个维度之间必须相互融合、互为补充，凝聚成协同的力量。并且，该模式还要求各个维度之间的协同关系保持平衡，防止某个维度过于强大导致失衡。平衡性原则增强整体效能和稳定性。通过有效信息共享与交流，不同维度之间彼此支持，实现协同效果。在应对各种不同情境和需求时，各个维度须具备灵活调整和适应的能力，以达成最佳协同效果。此外，多维协同模式强调共同目标和使命，各个维度需要对整体目标保持一致，并通过协同合作来实现目标达成。

### （二）治理现代化

高校治理现代化并非一蹴而就，而是高校治理在对传统高校管理进行深刻反思的基础上，持续探索新发展路径的过程，需要高校治理者不断更新治理理念、完善治理体系、提高治理能力，以适应时代发展的要求，是教育现代化的关键环节，更是国家治理现代化的重要组成部分。从构成要素的角度来看，高校治理现代化涵盖高校治理观念现代化、高校治理体系现代化以及高校治理能力现代化。在智能时代，“人本”的核心、“共治”的格局以及“善治”的目标，在治理理念、治理体系以及治理能力等方面，对高校治理的现代化发展提出全新要求，有助于推动高校治理现代化进程，还为新时期高校科学研究和人才培养注入新的活力。具体而言，“人本”的内核要求高校治理更加注重学生和教师的需求和发展，以提高教育质量和人才培养水平。“共治”的格局则强调高校治理需要各方共同参与，形成多元主体共同治

---

① 李娅雯．高校内部治理能力提升路径：基于多维协同模式的视角［J］．山西财经大学学报，2024，46（S1）：241-243.

理的局面，以提高治理效率和决策科学性。“善治”的目标则要求高校治理更加注重治理效果和社会效益，以实现高校的可持续发展。

**（三）持续改进**

提升大学内部组织治理能力时遵循持续改进策略具有重要意义。持续改进策略促使大学不断审视和优化内部组织治理结构与流程，提升治理效率与质量，有效地达成大学的发展目标。这一策略的实施离不开大学内部各部门的紧密协作与协调。只有各部门齐心协力，共同推动治理工作的优化，才能实现整体治理能力的提升。同时，建立有效的反馈机制也是至关重要的。大学通过及时收集和分析治理过程中出现的问题，准确把握改进的方向和重点。基于此，大学可采取相应的改进措施，有针对性地解决问题，实现治理的持续优化。在具体实施过程中，持续改进策略需要全体师生员工的共同参与和支持。师生是大学治理的主体，对治理工作有着切身体会和感受。因此，鼓励他们积极参与治理工作，提出宝贵的意见和建议，为持续改进提供源源不断的动力。此外，持续改进策略应注重与外部环境的互动和适应。大学作为社会的重要组成部分，其治理工作必然受到外部环境的影响。因此，要密切关注外部环境的变化，及时调整治理策略，以适应社会发展的需求。总之，持续改进策略是提升大学内部组织治理能力的关键手段，需要大学内部各部门的密切合作、有效的反馈机制以及全体师生员工的积极参与。同时，要注重与外部环境互动和适应，不断推动大学治理工作优化和发展。

**（四）遵循客观规律**

高校治理能力提升一个复杂而系统的工程，需要高校结合自身的治理结构和发展规律，妥善处理好学生、教师、学校和教育四组要素之间的关系，遵循学生身心发展规律、教师专业发展规律、学校办学发展规律和教育事业发展规律。学生是高校的主体，高校治理能力提升要以学生为中心，遵循学生身心发展规律，为学生提供优质的教育服务和良好的学习环境，促进学生全面发展。学校是高校的载体，高校治理能力提升要以学校为基础，遵循学校办学发展规律，为学校提供科学的管理和服务，促进学校的内涵式发展和特色化发展。教师是高校的重要力量，高校治理能力提升要以教师为根本，遵循教师专业发展规律，为教师提供良好的教学和科研条件，促进教师的专业成长和职业发展。

### （五）持续创新

在新时代，“建成中国特色、世界一流的高等教育体系”已成为战略共识，需坚决破除制约高校治理创新的外部和内部瓶颈，深度聚焦拓宽和优化高校治理创新路径。政府、高校和社会各方应共同努力，加快推进以优化治理体系为目标的高校组织方式创新，实现顶层设计与基层创新的互动结合，全系统动员与子系统创新应对的彼此补充，以及高校组织决策与执行之间的相互融通。同时，高校要稳步推进以提质增效为基点的内部服务创新，实现从“供给导向”向“需求导向”的转变，从“服务覆盖”向“服务体验”的提升，从“被动提供”向“主动提供”的转变。此外，高校还应持续推进以赋能增能为取向的高校支撑手段创新，实现技术升级与价值赋能的融合，数据开放与数据安全的兼顾，资源共享与协同共治的促进，充分激发高校内涵式发展的生机活力，全面提升高校治理体系与治理能力的现代化水平。

## 二、提升治理能力的途径

### （一）强化大学内部组织治理的目标激励

价值目标是行为的重要动力，主导着治理制度、机制和政策（章翔和周刘华等，2023）①。大学内部组织治理要根据治理现代化、激励组织化、运行体制化的特点，强化大学内部组织治理的目标激励，要全面实施内部组织治理的目标管理，加强目标控制和目标执行，切实发挥绩效考核对于实现目标的引导激励和识人用人的作用，进一步完善差异化目标管理和标杆超越机制。

1. 全面实施内部组织治理的目标管理，加强目标控制和目标执行，各职能部门和各院系都要根据校长及领导班子制定的发展目标规划，从机制政策、资源配置等各个方面，结合各自实际抓好细化落实，指导所在单位又好又快发展。学校层面要建立目标执行定期评议制度，如每月通报、每季小结、半年评议、年度评价；定期召开目标研讨和审议会议，总结分析目标执行情况，评议执行进度与质量，提出目标实施和计划制定意见。发展目标规划确定后，全校上下要进一步从治

① 章翔，周刘华，余佳萍，等. 新时代高校公共体育课程思政的目标任务、价值意蕴、建设模式与实践要旨［J］. 天津体育学院学报，2023，38（4）：380-384.

学建设、队伍建设、内控建设、党建和校园文化建设等方面加强同步规划，强化对学校发展的保障支持。

2. 要切实发挥绩效考核对于实现目标的引导激励和识人用人的作用，进一步完善差异化目标管理和标杆超越机制，要根据治理现代化理念的有关要求，加强和改进全员绩效管理工作，充分发挥好考核的指挥棒作用，在充分调研的基础上，结合大学实际情况制定科学有效的教职工绩效考核管理办法，要扎实推进修订管理人员、师资人员、学术人员等多个序列员工的绩效考核办法，明确各级管理者和教职工在目标推进实施中的责任和义务，促进各级管理者和全体教职工为目标实施多做贡献。认真做好各级管理者和教职工的绩效辅导与沟通工作，加大绩效差距分析与辅导的力度，使其成为推动目标执行的重要工具。

**（二）提升行政型组织执行力**

提升行政型组织执行力要求落实党委领导下的校长负责制，始终坚持党的领导，在党的领导下充分发挥校长负责的行政权力管理作用。

1. 认识并落实党委领导下的校长负责制。提升执行力的首要前提和基础条件是从思想上认识并落实党委领导下的校长负责制，而践行落实党委领导下的校长负责制，就要恰当处理好党委和行政、个人与集体以及书记与校长三组关系。在党委和行政关系的处理上，一方面需要明确党委和行政各自的职责定位，认真执行党委与行政的议事决策制度，要坚持党的领导地位不动摇，在大局方向、干部人员、党建党纪等方面处于领导核心位置，同时要给予校长充分的自主权，在党委领导下由校长全面行使行政职权，在教学科研和行政管理方面展现必要的作为。另一方面需要积极发展与完善党委和行政的协调运行机制，辩证地看待党委和行政的依存关系，党委领导是校长负责的基本前提，而校长负责是落实党委领导的必由之路，党委把握学校发展的大局和方向，校长落实执行党委的决议，相互依存、相辅相成、缺一不可。在个人与集体的关系处理上，要贯彻落实民主集中制。在党委会和校长办公会的议事规则和决策事项上，要坚持民主集中制。而对于党委会和校长办公会研究决定的事项，在贯彻落实时，一方面要积极主动开展各项工作，避免因个人主观意愿影响阻碍集体决定的事项；另一方面要对在工作中遇到的困难和问题及时建言献策，不断提高党委会和校长办公会的集中决策水平。在书记与校长的关系处理上，需团结协作并保持紧密配合。第一，书记和校长都要严格遵守法律法规、遵守党内政治生活纪律，严格按照规定流程决策和办事。第二，书记和校长只是职责和定位不同，而不能简单地以职位高低而论，在工作中要团结协作，相互信任和支持，出现工作上的分歧要开诚布公、积极沟通交流，不能过度争论谁的权力更大、谁的声音更高、谁说了更算等等。第三，书记和校长不能搞小团体、搞一言堂，不能官不大僚不小，基层和一线的声音压制，也会严重影响学校的办学水平。

2. 提升行政型组织执行力要求坚持党的领导。党对高校的领导是由我国长期以来的政治、经济体制所决定的，也是与新时代下中国特色社会主义办学思想的要求相呼应的。坚持党委领导，使党中央、国务院的各项重大判断、重要战略部署更加通畅地传递到大学内部，有利于提高我国高等教育事务的决策效率及决策的科学性和准确性。坚持党委领导，有利于将所有利益相关者紧密团结到一起，共同推动高校高质量发展。因此，坚持党委领导是大学开展内部组织治理工作的基础和出发点，但是需明确和强调的是党委领导并不等同于党委执行所有事务，党委管理所有事务，并不意味着所有事无巨细的校务都要由党委来统筹和决策。总之，要在坚持党委领导的实践中避免党委对于大学内部治理的过度延伸，禁止以党代政。此外，需要特别提出的是，在党委组织人员构成上或者党委关键决策表决上，要适当增加以普通教师为代表的党员的比例，使党委的各项决策部署更加科学和合理，更加符合现实情况，提高组织决策的科学性和民主性。

3. 提升行政型组织执行力要求充分发挥校长负责的行政权力管理作用。大学要坚持党委领导下的校长全面负责制度，校长及其领导班子要在拟定大学发展规划、制定大学章程、组织教学科研活动等重要校务活动方面发挥统筹决策作用，从全校层面对大学的各项工作予以安排和统筹。其中需要特别指出的是，校长在实际管理过程中采取适度集权化方式，但切忌出现完全行政化的现象，杜绝“官本位”思想的盛行，在各项决策和实施过程中要采取民主管理的方式，不能出现领导“一言堂”不听取班子及下属意见，坚持实事求是，从实际出发尊重事实、尊重规律，在校务行政管理方面营造民主集中、团结合作、客观可行的良好组织管理氛围。此外，校长及其领导班子在行政权力的行使方面，可以吸收借鉴国外董事会治理制度①的方式方法，但是其不可能完全适合我国大学当前发展的现实情况，不可能完全适用于所有大学。校长及其领导班子应该首先从本校的实际情况出发，具体问题具体分析，在此基础上再充分吸收借鉴国内外先进制度发展经验，持续提升内部组织治理水平。

**（三）增强学术型组织治理的影响力**

学术力量是一种由学者和教授代表所组成的参与学校内部治理的学术型组织影响力。在大学中最常见的是遵照高等教育法设立的学术委员会，大学要以切实提高治学能力为导向，不断提高学术委员会的权力地位，持续增强学术型组织影响力。

1. 增强学术型组织影响力应充分赋予学术委员会应有的权威。从制度安排上讲，学术委员会应是一所大学最高的学术力量机构，而且这种权力在行使上应该得到必要的保护，不应该被政治权力和行政权力干预。关于学术委员会内部领导职务的选任和安排，要把更多考量权重放到相关人员在学术方面取得的成就以及在学术界的声望和地位上，而不是更多地考虑其行政级别。学术委员会内部各项制度的安排和各项事务的执行，都要严格按照学术委员会本身的运行机制进行，避免行政权力过度干预。此外，还要不断完善学术的监督机制，避免各种形式的学术腐败。

2. 增强学术型组织影响力要坚持高校的学术本位特征，切实加强学术力量。具体来说，一是要以坚持高校学术本位为导向，对学术力量形成正确的认识。学术发展是学术力量的来源，国内外在评价一所大学的成就水平高不高、社会影响力大不大时，最为主要的参考标准就是这所大学的科研能力强不强、治学能力高不高、学术水平深不深。在学术本位理念指导下，大学的学术力量应属于学术机构，要由那些学术观念正、学术水平高、学术能力强的学者来支配和行使。二是要支持落实大学办学自主权，政府不应对大学的具体科研教学和行政管理工作进行过多干涉，要把大学的办学自主权视作大学存在和发展的基本力量，在政策制定和资源分配上都要尊重大学自己的意见，更多地由大学来完成。三是要通过制度的持续设计完善对学术力量进行保

---

① 贺永平. 公办大学董事会治理制度建构研究［D］. 重庆：西南大学，2012.

障。在制度的设计上要保障大学实现民主办学，大学应研究什么、重点研究什么、在哪些研究领域需要加强投入、在哪些重点学科需要倾斜资源等都要在制度上对大学自主决定权进行明确，适度指导是必要的。大学要结合国家建设和国计民生的需要集中加强对国家和人民最为关注、最为重视、最为迫切领域的研究攻关。

3. 增强学术型组织影响力要平衡好学术委员会与党委、校长和学院的关系。首先，学术委员会在政治上要积极接受党的领导，要充分拥护并尊重党委的政治权力，在党的领导下以习近平新时代中国特色社会主义思想为指导开展治学工作；其次，学术委员会要坚持党委领导下的校长负责制度，充分拥护并尊重校长的行政权力，在教学科研和行政事务等方面服从校长及其领导班子的统筹安排；最后，学术委员会要以遵循学术本位为原则，保持其在学术方面应有的权威地位、独立工作能力和客观评价能力，积极促进学院学术能力提升。

4. 增强学术型组织影响力要培养教授学者参与治理的意识。从我国的现实情况来看，大学学术成就的创造主体是教授和学者。是否拥有一支高水平的教授队伍，是衡量大学学术水平高低的关键指标。然而，大学教授将全部工作精力放在科研方面，使其学术治理意识淡薄，缺乏参与学术型组织及学术事务决策的动力。因此，增强学术型组织影响力的另一关键因素是对教授学者的参与治理意识加以强化，使其认识到参与治理的重要性与必要性，以培养和改变他们的固有想法，从内心接受并乐意参与大学内部学术治理。

5. 切实采取有力措施防治各种形式的学术腐败。在切实加强学术力量、充分落实大学办学自主权的同时，也要切实采取有力措施，防治各种形式的学术腐败。防治学术腐败需要来自多个方面的共同努力。从教授学者的角度来说，各个教授学者，无论什么背景、什么资历、什么职务，都要恪守治学和做人的道德底线，加强对自己行动作为和言谈举止的主动约束；从高校的角度来说，要强化学术道德和师德教育，积极营造简单清新、温馨团结、风清气正的治学环境，并通过大张旗鼓地表彰先进、毫不犹豫地惩治乱象等措施树立起正确的示范效应；从政府的角度来说，要多措并举努力规范学术评价监督机制，一项研究是否有价值、价值大不大、相关人员贡献程度高不高，要严格按照相关的学术评价标准，客观公平公正公开地做出评价，尽最大努力减少个人的主观意愿和倾向喜好；从国家的角度来看，要采取有力措施加强对学术腐败的法律制约，对各种形式的腐败行为进行硬约束；从学术共同体的角度，要共同构建学术诚信机制，使得恪守职业道德、潜心学术研究的人才有更好的声望，在业界得到更多的认可，使得投机钻营、破坏学术纪律的人没有生存空间。学者、大学、政府、国家、学术共同体多方面的共同努力，可以有效防治各种形式的学术腐败。提高大学内部组织治理的专业化程度，要求大学要以建设现代大学制度①为理念，采取有力措施强化大学内部组织治理的目标激励、提升行政型组织执行力、增强学术型组织影响力。

## 第四节　大学内部组织治理路径

### 一、多元化治理路径

#### （一）多元化治理的内涵

多元化治理路径是指在大学内部治理中，综合运用多种治理方式和手段，以实现大学的可持续发展。这种治理模式强调不同治理主体的协同作用，充分发挥优势和特色，提高大学治理的效率和质量。

治理主体多元化。大学内部治理涉及多个利益相关者，在大学的发展和运营中扮演着不同的角色，具有不同的利益诉求。多元化治理路径要求充分发挥利益相关者作用，形成共同治理格局，提高效率和质量。学校领导是大学内部治理的核心力量，负责制定大学的发展战略和规划，领导大学教学、科研和社会服务工作。教师是大学教学和科研主体，负责传授知识和培养人才，推动学术创新和学科发展。学生是大学的服务对象，是大学的未来和希望，大学为学生提供优质教育和服务，促进学生全面发展。行政人员是大学的管理和服务人员，负责大学的日常管理和服务工作，为教学、科研和社会服务提供保障。校友是大学的重要资源，是大学毕业生和曾经在大学工作过的人员，对大学有着深厚感情和认同感，加强与校友的联系和合作，充分发挥校友作用，充分发挥学校领导、教师、学生、行政人员和校友等利益相关者的作用，形成共同治理格局，以提高效率和质量。

---

① 何玉海，王传金．现代大学制度：本质内涵、基本结构与建设路径［J］．上海师范大学学报（哲学社会科学版），2016，45（3）：41-48．

治理组织多元化。大学内部治理需建立健全治理组织体系，适应时代发展和变化。学校党委是大学内部治理的领导核心，负责制定学校发展战略和方针政策，领导学校思想政治工作和党的建设。行政部门是执行机构，负责日常管理和行政事务，保障学校正常运转。学术委员会是学术机构，负责学术事务和学术管理，推动学校学术创新和学科发展。教职工代表大会是大学内部治理民主机构，负责民主管理和民主监督，维护教职工的合法权益。学生代表大会是学生机构，负责学生事务和学生管理，维护学生的合法权益。大学内部治理需建立健全治理组织体系，充分发挥治理组织作用，形成协同治理机制，以适应时代发展和变化，推动大学高质量发展。

治理工具多元化。大学内部治理需运用多种治理工具，以适应时代发展和变化。法律法规是大学内部治理的重要依据，为大学治理提供明确规范和指导。规章制度是大学内部治理具体准则，为大学各项工作提供具体操作流程和标准。政策措施是大学内部治理的重要手段，为大学发展提供有力的支持和保障。文化建设是大学内部治理的重要内容，为大学治理提供良好的文化氛围和价值导向。多元化治理路径要求充分发挥治理工具的作用，形成综合治理体系。法律法规为大学治理提供明确的规范和指导，确保大学治理合法合规。规章制度要为大学的各项工作提供具体的操作流程和标准，确保大学各项工作有序进行。政策措施为大学发展提供有力支持和保障，确保大学发展符合国家和社会需求。文化建设要为大学治理提供良好文化氛围和价值导向，确保大学治理具有人文关怀和社会责任感。

### （二）多元化治理路径的主要类型

协商治理。协商治理作为其中一种主要类型，强调通过协商方式解决大学内部治理中的问题及不同利益相关者之间平等对话和协商，以达成共识和解决问题。在大学内部治理中，涉及教师、学生、行政人员、校友等多个利益相关者。这些利益相关者在大学的发展和运营中有着不同的利益诉求和期望，通过协商治理方式，让利益相关者在平等的基础上进行对话和协商，共同探讨大学内部治理中的问题，并寻求解决方案。协商治理的核心是达成共识，在协商过程中，不同利益相关者需充分表达观点和意见，同时需尊重他人的观点和意见，通过充分的沟通和协商，不同利益相关者之间的利益诉求得到平衡和协调，达成共识。达成共识是协商治理的重要目标，让大学内部治理中的问题得到有效解决，是一种灵活的治理方式。在协商过程中，根据不同问题和情况，采取不同的协商方式和策略。可采用面对面的协商方式，也可以采用网络协商的方式；可采用正式的协商方式，也可以采用非正式的协商方式。灵活的协商方式和策略可以让协商治理更加有效和高效。总之，协商治理是大学内部组织治理的多元化治理路径的主要类型之一，强调不同利益相关者之间的平等对话和协商，以达成共识和解决问题。协商治理具有重要的意义和价值，让大学内部治理更加民主、科学和有效。

合作治理。合作治理是指通过合作方式实现大学内部治理目标。大学内部组织治理的多元化治理路径的主要类型多元化内容具有重要意义，作为其中的一种主要类型，强调通过合作的方式实现大学内部治理的目标，不同治理主体之间的合作和协同，以实现共同治理的目标。在大学内部治理中，涉及学校管理层、教师、学生、校友、企业等多个治理主体，他们在大学的发展和运营中都有着不同的角色和职责，可通过合作治理的方式，让其在共同目标下进行合作和协同，共同推动大学发展和进步。合作治理的核心是实现共同治理目标，不同治理主体需明确共同的治理目标，并制定相应的合作策略和计划，通过共同的努力和协作，让不同治理主体之间的资源和优势得到充分发挥，实现共同治理的目标，让大学内部治理更加有效和高效。合作治理是一种创新的治理方式，根据不同的治理需求和情况，采取不同的合作方式和模式，如产学研合作、校地合作、长期合作、短期合作等。创新的合作方式和模式，让合作治理更加灵活多样，可适应不同的治理需求。总之，合作治理是大学内部组织治理的多元化治理路径的主要类型之一，强调不同治理主体之间的合作和协同，以实现共同治理的目标，具有重要的意义和价值，让大学内部治理更加创新、灵活和高效。

参与治理。参与治理是指通过参与的方式提高大学内部治理的效率和质量。参与治理作为其中的一种主要类型，强调通过参与的方式提高大学内部治理的效率和质量，强调不同利益相关者之间的参与和互动，以提高治理的效率和质量。在大学内部治理中，涉及学校管理层、教师、学生、校友、企业等多个利益相关者。利益相关者在大学的发展和运营中都有着不同的利益诉求和期望，通过参与治理的方式，让利益相关者在治理过程中充分表达自己的观点和意见，了解大学的发展和运营情况，提高治理的效率和质量。参与治理的核心是提高治理效率和质量。在参与过程中，不同利益相关者需充分发挥自己的作用，积极参与治理过程，为大学发展和运营提供有益的建议和意见。同时，学校管理层需充分听取不同利益相关者的意见和建议，及时调整治理策略和措施，以提高治理的效率和质量。参与治理是一种民主的治理方式。在参与过程中，不同利益相关者有平等机会参与治理过程，表达观点和意见。民主治理方式增强不同利益相关者之间的信任和合作，促进大学和谐发展。参与治理是大学内部组织治理的多元化治理路径的主要类型之一，强调不同利益相关者之间的参与和互动，以提高治理的效率和质量。参与治理具有重要的意义和价值，让大学内部治理更加民主、科学和有效。

**（三）多元化治理路径的实施策略**

建立健全的治理结构。明确各治理主体的职责和权限，对确保决策的科学性和民主性具有重要作用。首先，明确各治理主体的职责和权限是实现大学内部组织治理多元化的基础。在大学内部，治理主体在大学的发展和运营中扮演着重要的角色，有助于避免职责不清、权限不明等问题，提高治理效率和质量。其次，确保决策的科学性和民主性是实现大学内部组织治理多元化的关键。在大学内部，直接关系到大学的发展和运营，有助于避免决策失误、决策不公等问题，提高决策的质量和效果。最后，需建立健全的治理机制和制度。在大学内部，健全的治理机制和维度有助于规范治理行为、提高治理效率和质量，是实现大学内部组织治理多元化的重要保障。

持续改进治理体系。在数智化时代的宏观背景之下，大学持续改进治理体系，以契合不断变迁的环境与需求。首先，数智化时代催生信息技术的迅猛发展，运用大数据分析，对教学质量与学生表现予以评估，借助在线平台，推动师生之间的交流与合作。其次，产业变革与新质生产力涌现，要求大学更为注重培育学生的创新能力与实践能力，大学需调整课程设置与教学方法，强化与企业及社会的合作，为学生提供更为丰富的实践契机与创新平台。最后，大学内部组织治理的多元化需持续改良治理体系，构建完备的治理架构与制度，增进治理主体之间的沟通与协作，提升治理效率，提高治理透明度，保障大学的可持续发展，以适应数智化时代、产业变革以及新质生产力的发展诉求。

推动信息化建设。在数智化时代，产业变革和新质生产力的发展对大学内部组织的信息化建设提出更高的要求。加强校园网络、数据中心、云计算平台等基础设施建设，为信息化教学、科研和管理提供坚实的技术支撑。开发和整合高质量的在线课程、虚拟实验室和互动式学习平台等数字化教学材料，提高教学的互动性和个性化。利用信息技术提高科研数据的收集、存储、分析和共享能力，支持跨学科研究和团队协作。升级和整合学生信息系统、人力资源系统和财务管理系统等校园管理系统，提高管理效率和决策质量。建立数据治理框架，确保数据的准确性、完整性、安全性和隐私保护，同时提高数据的可用性和共享性。加强师生的信息技术应用、数据分析、编程、网络安全等数字化素养教育，以适应数智化时代的需求。增强师生的网络安全意识，建立网络安全防护体系，防范网络攻击和数据泄露风险。大学通过开放获取平台和知识库，促进学术成果的共享和传播，提升学术交流的透明度和开放性。利用人工智能和大数据分析技术，为大学治理提供智能决策支持，提高决策的科学性和前瞻性。大学通过信息化手段，促进不同学科领域的交流与合作，推动跨学科研究和创新，加强与国际高校和研究机构的合作，共享资源，提升国际竞争力。建立信息化建设的评估和反馈机制，定期评估信息化建设的效果以及时调整和优化策略。大学利用信息化手段，推动学术研究和教学的创新，提高治理效率，培养适应数智化时代的人才，同时确保信息化建设的学术性和逻辑性。

推动学术创新。在数智化时代，产业变革和新质生产力的发展对大学内部组织推动学术创新提出新要求，鼓励不同学科领域的学者进行交流与合作，打破传统学科界限，促进创新思维的产生，鼓励投资实验室、研究中心和创新孵化器，为学术创新提供必要的物理空间和资源，利用人工智能、大数据分析、云计算等技术，支持学术研究，提高研究效率和质量。鼓励开放获取、开放数据和开放方法，增加研究的透明度和可重复性，促进知识的共享和传播，培养学术诚信和责任感，确保研究的公正性和伦理性。建立多元化的学术评价机制，重视论文发表数量，注重研究的创新性、影响力和实际应用。在教学和研究中，注重培养学生的创新能力和批判性思维，鼓励提出新观点和解决方案，与产业界建立紧密的合作关系，将学术研究与实际应用相结合，推动科技成果的转化。为年轻学者提供研究资金、培训和职业发展机会，通过国际会议、合作研究项目等方式，促进不同文化和学术背景的学者之间的交流与合作，激发创新潜力。建立知识库和文献管理系统，帮助学者快速获取和整理研究资料。在推动学术创新的过程中，识别潜在风险，制定应对策略，确保研究顺利进行，制定长期的学术创新计划，持续跟踪和评估学术创新的进展和效果，支持学者进行跨文化、跨地区的研究，以全球视野推动学术创新。大学适应数智化时代的要求，推动学术创新，增加学术性与逻辑性，为社会和产业发展做出贡献。

**（四）多元化治理路径的意义**

提高治理效率。多元化治理路径对大学内部组织的意义，数智化技术的应用使大学基于大量数据进行分析，做出更加科学、合理的决策，提高治理效率。通过数智化手段，大学能更有效地监控和调配资源，确保资源得到合理使用，提升资源利用效率。数智化时代为学术研究提供新的工具和方法，促进了跨学科的创新，推进了学术研究的深度和广度。随着学术研究的深入，数智化技术有助于规范学术行为，确保研究成果的逻辑性和可靠性。信息技术的发展加速学术成果的传播，促进全球范围内的学术交流和合作，提升学术研究的影响力。数智化时代对人才的需求更加多样化，大学内部组织通过提高学术性和逻辑性，培养适应未来挑战的创新人才。数智化手段有助于打破地理和经济障碍，提供更广泛的教育机会，促进教育公平。数智化技术为终身学习提供平台和资源，使大学内部组织支持学生和教职工的持续发展，要求大学内部组织快速适应变化，提高治理效率和学术性，以应对不断变化的社会和经济需求，同时更加重视信息安全，确保学术研究和治理过程中的数据安全和隐私保护。数智化时代、产业变革和新质生产力为大学内部组织带来前所未有的机遇，提高治理效率、增加学术性与逻辑性方面的意义是深远的，推动教育和研究的革新，对大学的社会角色和责任提出新的挑战和期望。

增强治理合法性。多元化治理理念，使大学充分利用信息技术，实现治理的数字化、智能化和信息化，制定相关制度，增强治理合法性。首先，大学通过建立数字化治理平台，实现治理信息的实时共享和决策的快速响应；通过利用人工智能技术，对治理数据进行分析和预测，为决策提供科学依据。其次，产业变革和新质生产力的出现，要求大学注重创新和实践能力的培养。要充分发挥不同利益相关者的作用，共同参与大学治理，促进大学与产业界的紧密合作，培养适应社会需求的高素质人才。大学通过建立产学研合作机制，实现大学与企业的资源共享和优势互补；通过鼓励教师和学生参与创新创业活动，提高创新和实践能力。最后，增强大学治理的合法性和公信力。大学通过广泛征求意见、充分讨论和民主表决等方式，确保治理决策的科学性和合理性；通过建立治理委员会、学术委员会等机构，实现治理决策的民主化和科学化；通过加强信息公开和社会监督，提高治理的透明度。在数智化时代、产业变革和新质生产力的背景下，大学应积极探索多元化治理路径，不断完善治理体系，提高治理能力，为培养适应社会需求的高素质人才提供有力保障。

## 二、民主化治理路径

### （一）民主化治理路径的内涵

民主化治理路径是指在大学内部治理中，建立民主决策机制、参与机制和监督机制，充分保障师生员工的民主权利，实现大学内部治理的民主化和科学化。这种治理模式强调师生员工在大学治理中的主体地位，充分发挥他们的积极性和创造性，提高大学治理的效率和质量。

民主决策，在大学内部治理中，决策是至关重要的环节。民主化治理路径要求建立民主决策机制，充分保障师生员工的知情权、参与权和决策权。大学应通过广泛征求意见、充分讨论和民主表决等方式，确保决策的科学性和合理性。民主化治理路径强调师生员工广泛参与，通过建立民主的参与机制，为师生员工提供参与大学治理的渠道和平台，鼓励积极参与学校的管理和决策，提出意见和建议，为学校的发展贡献力量。监督是保障民主治理的重要手段。它要求建立民主监督机制，充分保障师生员工监督权和评价权，建立健全的监督体系，加强对学校管理和决策的监督与评价，确保学校的管理和决策符合师生员工的利益与要求。

### （二）民主化治理路径的主要类型

决策民主化是民主化治理路径的核心。大学应通过建立民主决策机制，充分保障师生员工的知情权、参与权和决策权。在决策过程中，广泛征求意见、充分讨论和民主表决，确保决策的科学性和合理性。决策民主化可避免决策盲目性和主观性，提高决策质量和效率。参与民主化是民主化治理路径重要组成部分，通过建立民主的参与机制，为师生员工提供参与大学治理的渠道和平台。鼓励积极参与学校的管理和决策，提出自己的意见和建议，为学校的发展贡献自己的力量。参与民主化有效地增强师生员工的责任感和归属感，提高工作积极性和创造性。监督民主化是民主化治理路径的重要保障。大学通过建立民主的监督机制，充分保障师生员工的监督权和评价权。在监督过程中，建立健全的监督体系，加强对学校管理和决策的监督与评价，确保学校的管理和决策符合师生员工的利益和要求。监督民主化可以有效地防止权力滥用和腐败现象的发生，维护学校的稳定发展。

### （三）民主化治理路径的实施策略

为了实现大学内部治理的民主化和科学化，需要采取以下实施策略。

建立开放的沟通渠道。在治理现代化背景下，大学内部组织治理的实践正在经历深刻的变化。信息流通的速度和范围大大增加，建立开放的沟通渠道，以促进信息的自由流通和交流，包括师生之间的交流，与外部合作伙伴的沟通。开放的沟通渠道允许不同学科、不同背景的个体表达观点和想法，是学术创新的重要源泉。大学通过开放的沟通渠道，鼓励批判性思维，有助于提高学术研究质量。开放的沟通渠道要求讨论和决策过程更加透明和合理，有助于确保学术和治理活动的逻辑性和一致性。数智化技术提供多种沟通工具，如在线论坛、社交媒体、虚拟会议等，可以利用这些工具来建立和维护开放的沟通渠道。在开放的沟通环境中，师生须具备信息识别、评估和使用能力，要求大学加强信息素养教育，收集和整合来自不同来源的数据，利用这些数据进行更精准的决策，同时有助于打破学科壁垒，促进不同领域学者和学生之间的合作，推动跨学科研究的发展。快速发展的产业变革和新质生产力帮助大学快速响应外部变化，及时调整教育和研究方向，提高大学治理的透明度，有助于建立公众信任，并加大大学的问责力度，激发新的创意和创业精神。大学可以利用这一点来培养创新型人才。开放的沟通环境是学术自由的重要组成部分，保护和促进这种自由，有利于保持学术活力和多样性。大学内部组织治理适应数智化时代的要求，提高治理效率，同时推进学术研究的深度和广度，有利于培养适应未来挑战的人才。

推动数字化参与。在治理现代化背景下，大学内部组织治理的实践正在经历着深刻的转型。数智化时代为大学提供在线投票、虚拟会议和社交媒体互动等新的参与方式，增加师生和利益相关者参与度，有助于提高大学治理的透明度，使得决策过程更加公开，增强利益相关者的信任感。数字化工具使更多的声音被听到，推动大学治理向更加民主化的方向发展。对数字化平台收集的意见和反馈进行快速整理和分析，帮助决策者做出合理和高效的决策，促进不同学科、不同地区甚至不同国家的学者之间的协作，推动学术研究深入和创新，为学术讨论提供更广阔的平台，使学术对话更加活跃，有助于推进学术研究的深度和广度。在数字化参与大学内部组织治理的过程中，讨论和论证需更加严密和系统，有助于提高学术研究和治理决策的逻辑性。数智化技术分析大量学术数据，为研究提供新视角和方法，同时为治理决策提供数据支持。在数字化参与的过程中，大学需确保信息的安全和参与者的隐私，避免数据泄露和滥用。大学内部组织治理需不断适应新技术变革，更新治理模式和策略，为师生提供更多学习和发展机会，有助于推动终身学习和职业发展，更好地适应数智化时代的要求，提高治理效率，同时提高与增强学术研究的质量和影响力。

### （四）民主化治理路径的意义

提高治理效率。民主化治理路径可以充分发挥师生员工的积极性和创造性，在治理现代化背景下，数智化提供技术手段，使师生和利益相关者参与到大学治理中来，实现真正民主化治理，确保不同群体的意见和需求得到听取和考虑，提高治理的公平性和代表性。大学通过民主化参与，可以收集到更广泛的信息和观点，有助于做出更加全面和合理的决策。数智化技术的应用简化沟通和决策过程，减少传统治理中的层级和时间成本，提高治理效率，鼓励学术自由和创新思维，为学术探索提供更加开放和包容的环境。促进不同学术观点的交流和辩论可以推进学术研究的深度和广度。在民主化治理过程中，决策和论证基于充分证据和合理逻辑，有助于提高治理活动的逻辑性和科学性，鼓励知识的开放共享，有助于学术成果的快速传播和应用。民主化治理要求提高治理过程的透明度，增强利益相关者对治理活动的监督和问责，鼓励培养批判性思维，促使参与者不断质疑和反思，提高治理的质量和有效性。在产业变革和发展新质生产力的背景下，民主化治理使大学更快地响应社会变化，调整教育和研究方向。为师生提供更多的学习和成长机会，支持终身学习的理念，强调在决策过程中考虑伦理和社会影响，确保大学活动符合社会责任。开放、包容和民主化参与，有助于构建基于信任和合作的大学文化。民主化治理路径在治理现代化背景下，对大学内部组织治理的意义是多维度的。提高治理的效率和质量，推进学术研究的深度和广度，为大学应对未来的挑战提供坚实基础。

增强师生员工的责任感和归属感。民主化治理通过提供参与决策的机会，使师生员工感受到自己在组织中的价值和影响力，增强参与感。当师生员工参与治理过程时，会对大学的政策和发展方向产生责任感，积极反映其意愿，从而做出贡献。民主化治理使师生员工感到自己是大学社区的一部分，有助于建立更紧密的社区联系，提高忠诚度。鼓励学术自由，允许师生员工自由探索和表达思想，是学术发展和创新的基石。民主化治理促进学术讨论和辩论，有助于提升学术研究的质量。民主化治理需基于证据和逻辑推理，有助于培养批判性思维和提高决策的逻辑性。民主化治理鼓励知识共享和跨学科合作，有助于整合不同领域的知识和技能，推动学术创新。民主化治理提高决策过程的透明度，增强师生员工对治理结构的信任。民主化治理路径认识到多样性的价值，促进包容性环境的建立，吸引和保留不同背景的人才至关重要。民主化治理环境支持师生员工的持续学习和个人发展，适应快速变化的数智化时代，使大学更快地响应社会和产业的变化，确保教育和研究活动与时代同步，强调在决策中考虑伦理和社会责任，确保大学活动对社会产生积极影响。民主化治理有助于构建一种积极开放、尊重和公平的组织文化。通过民主化治理，大学更好地与国际标准接轨，提升其在全球教育和研究领域的竞争力。考虑到长期利益和可持续性，大学的民主化治理有助于大学在教育、研究和社会服务方面实现长期目标；而对大学内部组织的意义在于增强师生的责任感和归属感，促进形成开放的学术环境和基于证据的决策过程，提高学术性和逻辑性，为大学应对未来的挑战奠定坚实基础。

促进学校教育模式的创新和改革。在新质生产力背景下，民主化治理鼓励开放性思维和多元化视角，这有助于打破传统教育模式的局限，激发教育创新。通过民主化治理，师生更积极地参与教育政策的制定和实施过程，推动教育模式改革。民主化治理支持个性化教育需求，有助于学校根据学生的特点和兴趣定制教育计划。民主化治理倾向于接受和利用新技术，促进信息技术与教育教学的深度融合，推动教育模式的现代化。民主化治理培养一种鼓励创新和尝试的文化，为教育模式的创新提供良好的环境，有助于学校更好地响应社会和产业的需求，确保教育内容和方法与时代发展同步，鼓励不同学科间的交流与合作，推动跨学科教育模式的发展。民主化治理环境支持批判性思维的培养，是教育模式创新和改革的重要方面，使学校更灵活地适应教育环境的变化，及时调整教育模式，强调终身学习的重要性，鼓励学校提供持续的教育和学习机会。民主化治理强调教育的伦理和社会责任，促使学校在教育模式创新中考虑更广泛的社会影响，有助于确保学生能获得高质量的教育，推动教育公平性的提升，有助于建立国际合作，引入国际先进的教育理念和模式。在新质生产力背景下，民主化治理通过促进更广泛的参与、更开放的交流和更灵活的适应性，为学校教育模式的创新和改革提供坚实动力。

## 三、科学化治理路径

### （一）科学化治理路径的内涵

科学化治理路径，是指在大学内部治理中运用科学的理论方法和技术以提高治理效率、治理质量的方法。它强调科学决策、科学管理和科学评价的重要性，充分发挥科学在大学治理中的支撑作用。在大学内部治理中，决策是至关重要的环节。科学化治理路径要求运用科学的决策方法，充分收集和分析信息，确保决策的科学性和合理性。科学化治理路径强调运用科学的管理方法，优化管理流程，提高管理效率，通过建立科学的管理制度和规范，实现管理的规范化和标准化。科学评价是科学化治理路径的重要组成部分。通过建立科学的评价指标体系，大学对治理效果进行全面、客观、准确的评价，为改进治理提供依据。

### （二）科学化治理路径的主要类型

目标管理是一种以目标为导向的管理方法，通过明确大学的发展目标，并将其分解为具体的指标和任务，实现对大学治理的有效管理。质量管理是一种以质量为核心的管理方法，通过建立质量管理体系，加强对教学、科研等方面的质量控制，提高大学的教育质量和学术水平。绩效管理是一种以绩效为导向的管理方法，通过建立绩效评价体系，对大学的治理效果进行评价和激励，提高大学的治理效率和竞争力。

### （三）科学化治理路径的实施策略

加强科学研究。加强对大学治理的科学研究，探索适合大学特点的治理模式和方法，为科学化治理提供理论支持。在产业变革和新质生产力快速发展的背景下，科学化治理利用大数据和人工智能技术收集和分析信息，以支持决策过程。鼓励采用科学方法进行研究，确保研究设计、数据收集和分析过程的科学性和逻辑性。科学化治理鼓励跨学科合作，通过整合不同领域的知识和方法，解决复杂的问题。在科学研究中强调伦理原则，确保研究的正当性和诚信性。推动开放获取、开放数据和开放源代码等开放科学实践，增加研究的透明度和可重复性。将最新技术融入教育，提高教育互动性和个性化，促进研究方法创新，为师生提供继续教育和培训，以适应数智化时代技术发展和研究需求。建立严格的研究质量评估体系，确保研究工作的高标准和学术性。建立知识库和共享平台，促进研究成果的系统化存储和便捷共享。创建支持创新的生态系统，包括孵化器、加速器和创新实验室等，以促进科学研究和技术发展。大学通过国际合作项目和学术交流，引入全球视野，提升研究的国际影响力。加强与产业界合作，将研究成果转化为实际应用，将产业需求反馈到学术研究中。在科学研究中纳入风险评估和管理，利用预见性分析指导研究方向和策略，培养具有远见和领导力的学者，引导科学研究的方向，提升学术界的领导力和影响力。将科学研究与社会服务相结合，确保研究成果能够解决实际问题，承担社会责任。科学化治理路径为加强科学研究、增加学术性与逻辑性提供清晰的方向和策略。

培养科学素养。科学化治理路径的实施策略对于培养科学素养、增强学术性与逻辑性至关重要。在数智化时代，基础教育更重视科学方法和批判性思维的教学，为学生的科学素养打下坚实基础。利用信息技术，如在线教育平台和虚拟实验室，将最新科技融入教学过程，提高学习的互动性和实践性。大学通过课程、研讨会、研究方法和分析技术，培养学生的科学探究能力和逻辑推理能力；打破学科壁垒，鼓励学生从不同学科获取知识，提高他们解决复杂问题的能力；通过实验、调查和数据分析等实证研究活动，提高学生的实践操作能力和科学分析能力。强调学术诚信的重要性，教育学生在研究和学习中遵守伦理规范。设立学术论坛和研讨会，鼓励学生和教师分享研究成果，促进学术思想的交流和碰撞；建立继续教育和专业发展计划，鼓励教师和学生不断更新知识和技能，适应快速变化的科技环境；通过国际合作和交流项目，培养学生全球视野，让学生了解不同文化和学术背景下的科学实践；鼓励学生提出创新想法和解决方案，参与创新竞赛和项目，激发创造力。强调科学研究与社会需求的关联，鼓励学生将科学知识应用于解决现实世界的问题。教育学生有效传播科学知识，提高他们的沟通能力和科学普及能力。建立以能力为导向的评估体系，评价学生的科学素养和学术成就，保障学术自由的环境，鼓励探索未知，促进学术创新。大学通过领导力培训和实践机会，培养学生的科学领导力，使他们能够在未来的科学研究和学校治理中发挥领导作用。

**（四）科学化治理路径的意义**

提高决策的科学性和准确性。科学化治理依赖于实证数据和系统分析，为决策提供坚实基础，提高决策可靠性。科学化治理通过科学方法，有效评估资源需求和效益，实现资源的最优化配置；通过标准化流程和系统化管理，减少冗余和浪费，提高治理效率；通过鼓励基于证据的探索和创新，推动学术界和产业界不断产生新的知识。科学化治理强调深入研究和细致分析，推进学术研究的深度，增强学术研究的严谨性；要求决策过程遵循逻辑和一致性原则，增强治理活动的内在逻辑；使组织能够更准确地识别、评估和应对风险，减少不确定性和潜在损失；通过明确标准和公开过程，提高治理的透明度，增强治理的公正性；需要具备专业技能和知识的人才，促进专业人才的培养和发展；鼓励采用最新技术，推动技术在治理实践中的应用和进步；强调在决策中考虑伦理和社会责任，确保治理活动对社会产生积极影响；能考虑到长远利益和可持续性，支持组织在教育、研究和社会服务方面的长期发展；有助于提升组织在国际上的竞争力，通过高质量的研究和教育吸引全球关注；鼓励知识共享，促进学术界和产业界之间的交流与合作；使组织能够快速适应数智化时代和产业变革带来的挑战，及时调整策略和方向。

增强风险防控能力。科学化治理利用数据分析和模型预测，能准确识别潜在风险，及时提供依据。通过系统化的风险评估方法，科学化治理能够量化风险大小和可能性，为制定防控措施提供科学依据；基于实证研究和模拟分析，制定合理有效的风险管理策略。科学化治理强调快速响应，通过实时监控和自动化系统，及时采取防控措施；通过趋势分析和情景模拟，增强决策的预见性，减少不确定性和潜在损失；强调透明和开放的沟通，确保风险信息的准确传递和广泛理解。

提升治理水平。科学化治理强调系统性思维，将治理视为一个整体，提升治理的整体效能和协同性。基于数据和证据的决策过程能减少主观性和偏见，提高治理决策的客观性和准确性。它要求决策过程和结果公开透明，提升利益相关者的信任度和参与度。科学化治理通过模型和预测技术，能预见未来趋势和潜在问题，让人提前做好准备；能快速响应数智化时代的变化，使治理体系更加灵活，适应性更强。

# 第五章　大学内部组织治理的权力配置与监督体系

## 第一节　大学内部组织的权力结构与运行机制的构建

### 一、权力结构[①]

数字化时代，科技革命与产业革命正在加速推进，重塑社会各个领域。大学是知识创新和人才培养的核心机构，探讨其内部组织的权力结构与分配问题，具有重要的学术价值和现实意义。信息技术迅猛发展，数字化已成为当今时代的显著特征。在线教育、虚拟实验室、科研数据管理等数字化技术在大学日常管理与教学中应用广泛，对教学与科研模式产生深远影响，也引发大学内部权力结构的变迁。科技革命带来知识生产方式的变革，跨学科研究、产学研合作等新兴模式不断涌现，产业变革对大学人才培养提出更高要求，促使大学更加紧密地与社会经济发展相结合，这些变化对大学内部的权力结构与资源分配产生重要影响。从国家战略层面来看，科技创新已成为国家发展的核心驱动力，高等教育在国家创新体系中扮演着关键角色。大学作为国家创新的重要源泉，其内部组织的权力结构[②]与分配是否合理，直接关系到国家创新能力的提升和战略目标的实现。

#### （一）政治权力

政治权力在大学内部组织权力分配中占据着重要地位，涵盖大学在决策过程中应对外部政治影响的能力，以及内部成员参与政治议题的程度。政治权力的合理分配对于大学的稳定发展和学术自由的保障至关重要。在大学内部，政治权力的体现形式多样。一方面，大学设

---

① 唐宇辉，于红旗．政治学的观点：高等学校的权力结构及其变革［J］．湖南省政法管理干部学院学报，2002（S2）：216-218.

② 马婧．“双一流”建设背景下我国高校权力结构的优化：基于伯顿·克拉克《高等教育系统：学术组织的跨国研究》的分析［J］．当代教育科学，2019（5）：58-61.

有党委或类似的政治组织，其职责在于指导和监督大学的政治方向与政策制定。这些组织在确保大学与国家政治要求相一致的同时，也需保障学术研究的独立性和自由性。另一方面，政治权力还体现在大学内部成员对政治议题的参与和表达上。这包括教职工和学生通过各种渠道，如学术研讨会、校园媒体等，就社会政治问题发表观点和看法。政治权力的分配需要从多个方面进行考量。首先，要确保大学能够在保持学术自由和独立性的基础上，积极响应国家和社会的需求。这意味着大学在制定发展战略和政策时，既要充分考虑学术研究的内在规律，又要紧密结合国家和社会的发展目标。其次，政治权力的分配应遵循公平、公正、透明的原则，保障不同利益群体在大学决策过程中的平等参与权。最后，还需建立健全的政治权力监督机制，防止政治权力的滥用和误用。总之，政治权力是大学内部组织权力分配的重要组成部分。通过合理分配政治权力，大学可以更好地应对外部政治影响，保障学术自由和独立性，促进师生的政治参与，为国家和社会的发展做出更大贡献。

**（二）行政权力**①

行政权力在大学内部组织中扮演着至关重要的角色，它涉及大学日常运作和管理的各个方面。行政权力的合理分配和有效行使对于大学的正常运转、学术发展以及社会服务具有深远影响。其内涵丰富多样，涵盖大学内部的诸多事务，如财务、人力资源、设施管理等事务的管理和决策需要行政人员具备专业知识、丰富经验和卓越的领导能力。行政人员在行使行政权力时，应当遵循法律法规、大学章程以及相关政策的规定，确保行政决策的合法性、公正性和科学性。在大学内部，行政权力通常集中在校长、副校长和其他高级行政人员手中。他们负责制定和执行大学的政策和程序，领导和管理大学的各项工作。然而，行政权力的集中并不意味着行政人员可以独断专行，他们应当充分听取师生的建议，尊重学术自由和民主参与，建立健全的决策机制和监督机制，确保行政决策的科学性和公正性。行政权力的有效行使需要建立在科学的管理体制和高效的运行机制基础之上。大学应当建立健全行政管理体系，明确各部门的职责和权限，加强部门之间的

① 张艳，梁戈．西方大学教授权力的合理性分析及比较［J］．比较教育研究，2000(6)：26-30.

沟通与协作，提高行政效率和服务质量。同时，大学还应当加强行政人员的培训和考核，提高行政人员的专业素质和管理能力，为行政权力的有效行使提供有力保障。此外，行政权力的行使需注重与学术权力的协调与平衡（吴旭，2022）。行政人员在行使行政权力时，应当尊重学术规律和学术自由，为学术研究和教学活动提供必要的支持和保障。同时，学术人员也应当积极参与大学的管理和决策，为大学的发展贡献自己的智慧和力量。总之，行政权力是大学内部组织的重要组成部分，它对于大学的发展和社会的进步具有重要意义。行政人员应当正确行使行政权力，建立健全的管理体制和运行机制，加强与学术权力的协调与平衡，为大学的发展和社会的进步做出积极贡献。

**（三）学术权力**

学术权力在大学的知识探索与创新过程中扮演着举足轻重的角色，涵盖教学、研究以及学术自由等多个方面。学术权力的合理分配和有效保障对于大学的学术繁荣、人才培养以及社会的知识进步具有深远意义，内涵丰富多样，包括教师和学生在教学过程中的自主选择权、创新权以及在研究领域中的自由探索权和学术表达权。权力行使需要在学术规范和道德准则的框架内进行，以确保学术研究的严谨性和可信度。在大学内部，学术权力的分配通常通过学术委员会、系部和研究小组等机构来实现。这些机构由具有丰富学术经验和专业知识的教师和学者组成，他们负责制定学术标准、评估学术成果以及保障学术自由（曹辉和陈琦，2024）。学术委员会作为大学内部的最高学术机构，在学术权力的分配和保障中发挥着关键作用。学术权力的有效保障需要建立在一系列制度和机制的基础之上。大学应当建立健全学术评价体系，确保学术成果得到客观公正的评价；同时，还应当加强学术规范和道德教育，增强师生的学术自律意识。此外，大学还应当为学术研究提供必要的资源支持，包括研究经费、实验设备和学术交流机会等。总之，学术权力是大学的核心价值之一，它对于大学的学术发展和社会的知识进步具有不可替代的作用。大学应当高度重视学术权力的分配和保障，建立健全相关制度和机制，为学术研究和教学活动提供良好的环境和条件。同时，学术人员也应当自觉维护学术权力，积极推动学术创新和知识进步。

**（四）民主权力**

民主权力在大学内部组织中占据着至关重要的地位，涵盖大学成员参与决策过程、表达意见和诉求各个方面。民主权力的充分实现对于大学健康发展、学术繁荣以及社会进步具有深远意义，内涵丰富多样，包括选举权、被选举权和参与权等基本权力，也包括知情权、表达权和监督权等衍生权力。这些权力的行使需要在法律和制度的框架内进行，以确保民主权力的合法性和有效性。在大学内部，民主权力的实现通常通过各种民主机制和渠道来保障。例如，教职工代表大会、学生代表大会等机构为师生提供参与学校决策的平台；学术委员会、学位评定委员会等专业机构则为学术事务的民主决策提供保障。此外，学校建立健全信息公开制度，确保师生及时了解学校的各项事务，为行使民主权力提供信息支持（尚春美和张胤，2021）。民主权力的有效行使需要建立在一系列制度和机制的基础之上。大学应当建立健全民主选举制度，确保选举过程的公正、公平和公开；同时，还应当加强民主监督机制，确保学校的各项决策和管理行为符合师生的利益和诉求。此外，大学还应当加强民主教育，增强师生的民主意识，提高师生的民主参与能力，为民主权力的有效行使提供人才支持。民主权力的行使还应当注重与学术权力和行政权力的协调与平衡。学术权力和行政权力在大学的发展中同样具有重要作用，它们与民主权力相互依存、相互促进。学术人员和行政人员应当尊重民主权力，积极参与学校的民主管理和决策；同时，民主权力的行使也应当遵循学术规律和行政程序，确保学校的各项工作有序进行。总之，民主权力是大学内部组织的重要组成部分，它对于大学的发展和社会的进步具有不可替代的作用。大学应当高度重视民主权力的实现，建立健全相关制度和机制，为师生提供广泛的民主参与渠道和平台。同时，师生也应当自觉维护民主权力，积极参与学校的民主管理和决策，共同推动大学的健康发展和社会的进步。

## 二、大学内部组织权力运行中的问题与制约因素

### （一）行政权力官僚化倾向严重

行政权力是大学科层制属性的体现，也是其组织运转的内在要求(李奚溪，2023)①。一方面，政府对大学所采取的是高度行政化的治理方式。高校主要由政府兴办，其运行和管理受到政府部门的直接指导

① 李奚溪．走向多元善治：我国大学内部治理现代化的应然样态：基于治理单元“权力”的视角［J］．江苏高教，2023（3）：62-68.

与领导。高校领导由政府任命，招生规模、专业设置、教师编制以及教学评估等重要方面均受制于政府教育管理部门的规定和限制，经费来源也主要依赖政府的拨款。这使得高校在人、财、物等相关权力方面都受到政府的影响，高校被政府的行政力量严密控制。另一方面，中国大学的管理机制导致大学本身管理的类政府化和官僚化特点。本应专注于教育和科研的高校，却按照行政机关的模式来构建机构，并给予相关人员相应的行政级别。相应的薪资、待遇也按照行政级别进行分配，行政权力①在资源的占有和支配方面占据主导地位。原本应作为学术召集人的院长、系主任等，成为行政体系中的领导干部，他们手中掌握着教学成果评价、科研项目评审甚至教师职称评定等重要权力。这种情况不可避免地导致行政权力对教学、科研和学术的干预，学术权威在一定程度上依附于行政权威。它使大学的权力观念出现扭曲和畸形发展，行政权力被过度强化，而学术问题也往往习惯于采用行政化的思维方式来解决和治理。

### （二）内部组织体系结构不合理

大学的组织结构是由内部的各种要素与外部环境因素共同塑造的。不仅仅是简单的组合，而是具有一定内在逻辑和关系，旨在实现大学的特定目标和使命。在我国，所有大学无一例外地采用校、院、系直线职能式的组织结构。这种组织结构在一定程度上反映了我国高等教育管理的传统模式，随着时代的发展和高等教育改革的推进，这种行政系统的科层式体制在实际应用中逐渐暴露出一些不适应性等问题。首先，这种体制在划分校、院、系三个管理层次的责任、权力和利益时，往往难以做到科学合理，导致各层次之间的职责不清、权力交叉或利益冲突，影响管理效率和决策科学性。校级管理层过于集权，限制了院、系的自主性和创新能力；院、系之间可能存在权力争夺和资源分配不均的问题，影响了整体的协调发展。其次，大学内部组织体系结构常常仿照行政机构进行设置，导致规模庞大且人员冗余，增加管理成本，引发人浮于事、效率低下等问题，存在职能重叠、工作重复的现象，导致资源浪费和工作效率低下；同时，过多的行政人员也可能导致服务意识淡薄，影响对教学和科研的支持。再次，大学组织

① 陈玉琨，戚业国. 论我国高校内部管理的权力机制［J］. 高等教育研究，1999（3）：41-44.

体系在规划和设计方面缺乏系统性和顶层设计的思考。各个机构之间往往各自为政，缺乏有效的沟通与协调机制，导致内部规章制度不够统一和系统，存在严重“碎片化”问题。这不仅增加了管理难度，还可能影响大学整体发展战略和目标实现。不同部门之间的规章制度存在差异，导致执行过程中混乱和不一致；缺乏统一的规划和协调也可能导致资源配置不合理，影响大学的核心竞争力。最后，行政机构与学术组织[①]之间的权责界定不明确，层次划分不清晰，学术组织在一定程度上被不恰当地泛化为行政机构，影响学术研究和教学的独立性与自主性。一些学术组织可能承担过多的行政职能，导致其无法专注于学术事务。行政机构对学术事务的过度干预影响学术创新和发展，随着现代科技的发展，人工智能技术能促进大学内部治理，但也会造成“失灵”、秩序紊乱和权力失衡（陈林，2024）[②]。

**（三）决策权力分配不科学**

大学决策权力主要涵盖政治权力、行政权力、学术权力以及民主权力。政治权力有力地确保党的教育方针得以全面、深入地贯彻落实，行政权力与学术权力相互制衡、彼此协调，民主权力则为广大师生员工提供了广泛参与学校管理、充分表达利益诉求的重要渠道。现阶段，大学决策权力分配面临一些困境。政治权力偶尔会出现异化的情况，在党委领导下的校长负责制中，政治权力可能被过度拔高，统领行政权力、学术权力和民主权力。行政权力可能会过度集中于行政系统，致使各级领导以多样的身份涉足学术事务，例如学术权威、学科带头人、学术骨干、“双肩挑”教授等运用行政思维来处理学术决策，甚至通过行政手段干预学术资源分配，存在决策权的滥用。职能部门作为一种参谋协调机构，对学院没有决策指挥权，但可以利用享有的学校决策参与权，影响学校决策（李福华，2021）[③]。学术权力会被虚化，学校权力机构会沦为行政代言人，或者直接将学术机构行政化，削弱

① 乔莉，何勇，陈雄. 高校基层学术组织改革的实践研究［J］. 南京理工大学学报（社会科学版），2019，32（3）：64-66.

② 陈林. 人工智能嵌入大学内部治理的技术逻辑、潜在风险与优化策略［J］. 大学教育科学，2024（3）：22-30.

③ 李福华. 治理现代化视野中高校职能部门的管理决策［J］. 高等教育研究，2021，42（11）：49-56.

了学术权力的地位和作用。民主权力会被弱化，教代会选举产生的代表参与民主管理和监督的选举权和投票权可能会在实际操作中被形式化和流程化，无法真正发挥其应有的作用。

### （四）大学运行监督机制缺位

对于大学运行的监督工作，根据其来源的不同，可以划分为外部监督和内部监督这两个主要类别。外部监督主要包括来自上级教育主管部门、纪检监察审计部门以及来自外部舆论的监督等；而内部监督则主要涵盖学校党委、纪委、内部审计、教职工代表大会以及师生员工的监督等（黄清波，2020）[①]。在当前阶段，高校运行的监督机制还难以完全满足现代大学制度[②]下对于制约和监督的要求，这主要体现在以下两个方面。其一，外部监督在一定程度上存在着缺失的情况。教育主管部门、上级纪检监察审计部门等管辖单位数量众多，监督的范围广泛，导致监督手段和力量受到限制，难以对所有的高校都进行全面、细致的监督。通常情况下，这些部门会通过下发文件、召集会议等方式，安排高校进行自我检查，而仅仅进行部分抽查。其二，大学内部监督也存在着不足之处。大学缺乏主动出击的动力机制，内部审计监督没有得到应有的重视，而且人员力量也不足，难以满足实际工作需要。员工的制约和监督机制还不够完善，缺乏参与监督的有效平台，监督手段也相对比较匮乏。数字化监督平台的安全性和可靠性需要得到保障，以防止数据泄露和系统故障等问题。数字化技术的应用应遵循相关的法律法规和伦理规范，需确保监督的合法性和公正性。

## 三、治理现代化视域下权力运行机制的构建

### （一）推进权力运行机制改革

高校权力运行机制改革的核心在于实现政府职能转变，推动高校内部治理[③]体系和治理能力现代化，同时确保高校办学自主权得到有效保障和扩大。首先，高校内部治理[④]结构完善是关键。根据《中国高教

① 黄清波．政治监督推进大学治理现代化的任务聚焦与实现路径［J］．华侨大学学报（哲学社会科学版），2020（4）：34-41.

② 王绽蕊．中国特色现代大学制度建设：愿景、任务与路径［J］．复旦教育论坛，2018，16（4）：5-10.

③ 俞婷婕，赵彩霞．完善高校治理体系推进内部治理改革："高校内部治理体系创新的理论与实践"高层论坛综述［J］．教育发展研究，2017，37（Z1）：119-121.

④ 陈举．论我国大学内部治理结构的建构［J］．高校教育管理，2017，11（3）：41-47.

研究》所述，中国特色高校治理[1]现代化是推动高等教育实现高质量发展的内在要求，应坚持和完善党委领导下的校长负责制，提高党委全面领导学校工作的能力和水平，同时发挥好党委核心领导地位与校长重要作用。此外，建立科学有效的党委议事决策机制，确保决策民主性和科学性。其次，高校需完善多元权力协调发展的内部运行体系，这涉及正确处理党委常委会和校长办公会的职责边界，协调行政权力和学术权力的关系，保障普通教师和学生民主参与权以及建立专业化议事咨询制度。在科研管理方面，高校和科研院所科研自主权得到进一步扩大。根据科技部等六部门印发的《关于扩大高校和科研院所科研相关自主权的若干意见》，高校和科研院所在科研项目管理、经费使用、仪器设备采购以及成果管理等方面获得更大自主权，有利于充分调动科研人员积极性和创造性，提高科研创新效率和质量。同时，对高校人事管理方式进行改革，高校和科研院所可以自主聘用工作人员、设置岗位、进行职称评审、完善人员编制管理方式，有助于高校和科研院所根据自身发展需要，灵活配置人才资源，促进人才的合理流动和优化配置。最后，为了确保改革政策有效实施，高校和科研院所加强内部控制体系建设，实现内控体系全面、有效实施，并自觉接受各方监督。同时，各相关部门也要跟踪高校和科研院所履行职责、行使自主权的情况，确保政策落实到位。高校的权力运行将更加规范、高效，并能够更好地适应新时代教育科技人才体制机制的改革要求，为建设教育强国、科技强国、人才强国提供坚实支撑。

**（二）学术权力的保障与运行**

高校学术权力的保障与运行是高等教育领域关注的核心问题之一，它关系到学术自由、创新以及评价的公正性等多个方面。学术评价体系的构建需依据学科评价标准，确保评价公平、公正和合理。然而，学术评价过程受到权力等级划分影响，导致评价体系偏离“学术研究期刊等级、项目层次等评价资本在内的指标应成为评价主要标准”的内在规律。因此，需要构建风清气正的学术生态氛围，注重学术评价结构式管理机制和实施，以促进学术研究健康发展。一是高校办学自

① 孙杰．与时俱进推进中国特色高校治理现代化［J］．中国高等教育，2016（17）：45-47．

主权是法律赋予高等学校的一种资格，涉及高等教育管理权力分配的问题。自主办学的核心是高校与政府关系的合理建构，协调好与国家治理现代化、政府职能转变、高校自主办学供给侧改革之间的关系。推进教育管、办、评分离及促进政府职能转变，是构建政府、学校、社会之间新型关系的重要内容，涉及厘清政府、学校、社会之间的权责关系，构建三者之间良性互动机制，促进政府职能转变。二是《高等学校学术委员会规程》明确学术委员会作为校内最高学术机构的地位，负责统筹行使学术事务的决策、审议、评定和咨询等职权，有助于促进学术权力与行政权力的相对分离与配合，提高学术组织在高校治理体系中的地位和作用（陈焕娣和段姝，2021）①。进一步规范和加强学术委员会的建设，保障学术委员会在学术事务中有效发挥作用。学术委员会致力于促进学校人才培养与学术研究，追求学术理想，坚持学术自由，发扬学术民主，推动学术创新，维护学术道德，推进学术共同体建设。可以确保高校学术权力的保障与运行，实现学术自由、学术创新和学术评价的公正性，推动高等教育的持续发展。

**（三）权力运行的数字化支持**

高校权力运行的数字化支持是推进教育治理现代化的重要战略实践，它涉及构建多层次治理结构、智能技术支撑体系以及数字伦理与安全防护体系，实现教育决策科学化、管理精准化和服务便捷化。一是教育数字化治理需要从国家到区域再到学校的多层次治理结构，实现多元主体参与的教育数字化治理体系，包括宏观层面的国家教育数字化治理、中观层面的区域教育数字化治理以及微观层面的学校自身治理。二是人工智能、大数据、云计算和区块链等技术的应用，推动教育治理向高效化、智能化及科学化方向发展，帮助挖掘教育数据背后的价值信息，生成治理对象的“用户画像”，提升高校内部组织治理效能，强化技术伦理与安全管理，确保教育数据的公开透明度，促进教育数据共享，提高教育数据开放效率和保障教育数据安全。三是随着高校规模扩大，传统纸质合同管理方式已经不适应现代教育体系发展，数字化合同管理成为必然选择，它包括合同的起草、审批、执行、

① 陈焕娣，段姝. 大学治理视域下的高校内部管理控制体系构建研究［J］. 江苏高教，2021（8）：72-75.

监控以及电子签名等功能，提高合同管理的效能。四是高校需要夯实数据基础，提升数据质量，构建支持多源异构的数据仓库，实现数据的互联互通，释放数据生产力，并促进数据共享。五是数字化转型通过赋能学科主体、提高学科治理决策的民主科学性、保障学科治理互联互通和打造学科治理关怀共生的文化，对高校治理能力现代化起到关键推动作用。同时，高校需要面对学科治理内部阻力、外部制约以及数字技术与数字治理自身的局限等挑战。高校需更有效地运用数字化手段支持权力运行，促进教育治理体系和治理能力现代化。

## 第二节　巡查机制与监督体系的建立

### 一、健全领导体制和工作机制

在当今时代，教育、科技和人才的发展对于国家繁荣和进步至关重要。为了实现这一目标，我们需坚持并完善中央统一领导体制，构建起各项制度，以确保教育、科技和人才工作顺利进行。上级巡视与高校巡察工作是教育、科技和人才体制机制改革中的重要环节。为了确保巡视与巡察工作的有效性，我们需要将其一体谋划、部署和推进。高校巡察机构应当定期向上级汇报工作，以便上级及时了解高校巡察工作的进展情况，并给予必要的指导和支持。上下联动是巡视巡察工作的重要原则。在实施巡视巡察工作规划的过程中，我们应当将上下联动贯穿始终，以确保巡视巡察工作的全面性和深入性。高校党委要达成巡察全覆盖的目标，就必须加强与上级巡视机构的沟通与协作，共同推进巡视巡察工作的开展。围绕重大决策部署开展联动监督检查是巡视巡察工作的重要任务。通过对重大决策部署的监督检查，我们可以及时发现问题，提出改进措施，确保决策部署的贯彻落实。同时，我们还应当将巡视反馈整改情况纳入未来工作的重点范畴，作为干部考察选任的重要依据。只有这样，我们才能确保巡视巡察工作的权威性和有效性。建立信息发布机制是巡视巡察工作的重要保障。通过建立信息发布机制，我们可以及时向社会公布巡视巡察工作的进展情况，接受社会监督。同时，我们还应当设立专门的数据库和人才库，为巡视巡察工作提供必要的信息支持和人才保障。选拔优秀干部参与巡视巡察工作是培养锻炼干部的重要途径。通过参与巡视巡察工作，干部可以深入了解教育、科技和人才工作的实际情况，提高自身的综合素质和工作能力。同时，巡视巡察工作也为干部提供了一个展示自己才华和能力的平台，有助于干部成长和发展。坚持统一领导体制，是实现教育、科技和人才体制机制改革目标的重要保障。上级巡视与高校巡察工作的一体谋划、部署和推进，上下联动的贯穿实施，围绕重大决策部署展开的联动监督检查，以及信息发布机制的建立和优秀干部的选拔参与，都是实现这一目标的重要举措。我们需认真贯彻落实这些举措，为教育、科技和人才事业的发展做出积极贡献。

## 二、加强条件保障

高校党委在巡察工作中扮演着至关重要的角色，必须切实担负起主体责任，积极建立健全巡察工作机制，为高校的改革发展提供有力保障。高校党委要设立专门的巡察机构，明确各部门的职责，确保巡察工作的顺利开展。同时，要为巡察工作提供必要的保障，包括人员、经费、设备等方面的支持。只有这样，才能确保巡察工作的高效性和权威性。在巡察队伍的建设中，要选优配强巡察组长，充分发挥其领导作用。巡察组长是巡察工作的核心人物，必须具备较高的政治素质和业务能力，能够带领巡察队伍完成各项任务。同时，要从相关部门抽调政治素质高、业务能力强的人员参与巡察工作，确保巡察工作的全面性和专业性。为了提高巡察效能，要加大培训力度，采用多种方法对巡察人员进行培训。培训内容应包括巡察工作的流程和方法、相关的政策法规和业务知识等方面。通过培训，巡察人员能熟悉巡察工作的流程和方法，掌握相关的政策法规和业务知识，提高其发现问题和解决问题的能力。此外，要破除人情关，确保巡察工作的公正性和严肃性。巡察人员要坚持原则，不徇私情，严格按照规定的程序和标准进行巡察，对发现的问题要如实报告，不得隐瞒或歪曲事实。只有这样，才能确保巡察工作的公正性和严肃性，发挥巡察工作的应有作用。总之，高校党委要高度重视巡察工作，切实担负起主体责任，建立健全巡察工作机制，打造一支高素质的巡察队伍，加大培训力度，破除人情关，提高巡察效能，为高校的改革发展提供坚强保障。

## 三、建立和完善制度体系和落实机制

在当前统筹推进教育科技人才体制机制一体改革的背景下，建立和完善高校权力制衡与监督制度体系和落实机制显得尤为重要。这涉及高校内部治理[①]结构的优化、权力运行的透明化以及监督机制的有效性。首先，高校内部治理[②]结构的优化是基础。要围绕成为科技创新策源地和人才培养主阵地，推动教育理念、体系、制度、评价、治理等变革。这表明，高校需要构建一个既能够促进学术自由和创新，又能够有效监督和制衡权力的治理体系。其次，权力运行的透明化是关键。高校应当依法治校[③]，确保各项决策和执行过程公开透明，便于监督。例如，通过实施《党委常委会议事规则》《校长办公会议事规则》等制度，对高校的组织领导及权力决策做出明确规定。再次，监督机制的有效性是保障。高校需要强化纪检监察机构的专责监督作用，加强对权力运行的监督，确保监督工作的全面覆盖和权威高效。此外，还需要整合审计监督、财务监督、工会教代会监督以及师生民主监督等各类监督资源，形成一个协同高效的大监督工作体系。最后，监督成果的运用和反馈机制的建立也是不可或缺的。监督不仅要发现问题，更要推动问题的整改和预防机制的建立，形成常态长效的监督效果。建立和完善高校权力制衡与监督制度体系，需要从治理结构优化、权力运行透明化、监督机制强化以及监督成果的有效运用等多个方面入手，以确保高校权力运行的规范性和监督机制的落实性。

## 第三节　大学内部组织治理指标体系构建与实施过程

### 一、指标体系构建

#### （一）战略规划与目标达成

评估大学的战略规划是否明确、可行，是否能有效地实现目标，涵盖多个维度。战略规划的明确性，评估大学是否有明确的战略规划，包括长期和短期目标、战略重点和行动计划等。目标的可衡量性，确保目标被具体衡量，例如通过设定具体的指标、数据或标准来评估目标的达成情况。目标的一致性，检查目标是否与大学的使命、愿景和

---

① 余立．我国高校内部治理结构的探讨［J］．北京教育（高教），2017（2）：24-27.

② 张曼．高校内部治理的动力机制构建研究［D］．广州：华南理工大学，2017.

③ 周佑勇，曹萍，孙海，等．依法治校与现代大学制度建设［J］．国家教育行政学院学报，2017（10）：8-13.

价值观相一致，以及是否与学校的整体战略规划相协调。目标的挑战性，目标应该具有一定的挑战性，以激励学校不断努力和进步，但同时也要确保目标是可行的。目标的达成情况，通过收集和分析相关数据，评估学校在实现目标方面的进展情况，例如学生的学业成绩、科研成果、社会服务等方面的表现。规划的调整与更新，评估学校是否根据内外部环境的变化及时调整和更新战略规划，以确保其持续的适应性和有效性。

**（二）组织结构与职责分工**

大学内部组织结构的合理性、职责的清晰度以及部门之间的协作顺畅性对于大学的有效治理至关重要。部门设置合理性是评估大学内部组织治理的重要方面。合理的部门设置满足学校发展需求，与学校战略目标和使命相契合，同时部门之间应存在明确的界限和协作关系，以避免职能重叠或空白，以确保每个成员清楚知道自己的工作职责和目标，有助于提高工作效率，减少职责不清或重叠导致的冲突和误解。分工协作效率是衡量大学内部组织治理效果的重要指标。在大学中，不同部门和岗位之间需要密切协作，以实现学校的整体目标。高效的分工协作需要建立在明确的职责基础上，同时还需良好的沟通机制和协调机制，鼓励部门之间的信息共享和合作，促进跨部门项目的开展，以提高工作效率和创新能力。组织层级合理性对于大学内部组织治理具有重要影响。过多或过少的组织层级会导致信息传递不畅、决策效率低下等问题。合理的组织层级确保信息快速传递和决策有效执行，同时给予基层部门充足的自主权和灵活性，以适应不断变化的环境。决策流程科学性是大学内部组织治理的核心要素之一，科学的决策流程应包括明确的决策主体、决策程序和决策依据，应具备相应的专业知识和经验，做出明智决策，应公开透明，充分征求各方意见，确保决策的合法性和公正性，应基于充分的调研和分析，以确保决策的科学性和可行性。

**（三）决策机制与参与程度**

评估决策过程的科学性、民主性和透明度，以及师生员工在决策中的参与程度对于大学的有效治理至关重要，主要涉及以下几个方面：决策机构的组成和运作，评估大学内部决策机构的成员构成、职责分工、决策程序等方面的情况；决策过程的透明度，考察决策过程是否公开透明，是否有足够的信息披露和公众参与；决策的科学性和合理性，评估决策是否基于充分的信息和科学的分析，是否符合学校的发展战略和目标；参与程度的评估，可以通过问卷调查、访谈等方式，了解师生员工对学校决策的参与程度和满意度；决策的执行和监督，评估决策的执行情况和监督机制是否健全，是否保证决策的有效实施。

**（四）资源管理与利用效率**

主要包括财务资源、人力资源、物力资源等的管理和利用情况和资源配置合理性，帮助了解大学内部资源的管理和利用情况，以及资源管理和利用效率对学校整体运营和发展的影响。资源配置的合理性，是指大学内部资源的配置是否合理，是否满足学校教学、科研、社会服务等方面需求。资源利用效率，是指学校内部资源的利用效率，包括人力资源、物力资源、财力资源等方面的利用效率。资源管理科学性，是指学校内部资源管理的科学性，包括资源规划、资源分配、资源使用等方面的科学性。资源管理信息化水平，是指学校内部资源管理的信息化水平，包括资源管理信息系统的建设和应用情况。资源管理创新能力，是指学校内部资源管理创新能力，包括资源管理理念、资源管理方法、资源管理手段等方面的创新能力。

**（五）沟通与信息共享**

在构建大学内部组织治理评估的指标体系中，沟通与信息共享指标是非常重要的一部分。该指标考察大学内部的沟通渠道是否畅通，信息是否及时、准确地传递和共享。沟通渠道的多样性评估的是大学内部组织之间是否存在多种沟通渠道，如会议、邮件、即时通信等以满足不同的沟通需求。信息共享的及时性考察学校内部组织之间是否及时共享信息，以确保决策的准确性和及时性。沟通的效果，评估学校内部组织之间的沟通是否有效，是否解决问题和达成共识。信息安全，考察学校内部组织之间的信息共享是否安全，是否存在信息泄露的风险。沟通与信息共享的文化，评估学校内部组织之间是否存在良好的沟通与信息共享文化，是否鼓励员工积极参与沟通和信息共享。

**（六）绩效评估与激励机制**

评估绩效评估体系的科学性和公正性，以及激励机制对员工积极性的调动作用。有助于了解大学内部组织的绩效情况和激励机制的有效性，以及这些因素对学校整体运营和发展的影响。绩效评估的科学性，反映大学内部组织是否建立了科学合理的绩效评估体系，包括评估指标的设计、评估方法的选择、评估过程的公正性等方面。绩效评估的客观性，考察学校内部组织的绩效评估是否客观公正，是否真实反映组织的工作成果和业绩。激励机制的有效性，评估学校内部组织的激励机制是否有效，是否激发员工的工作积极性和创造力。激励机制的公平性，考察学校内部组织的激励机制是否公平合理，是否让员工感受到公平对待。绩效评估与激励机制的关联性，评估学校内部组织的绩效评估与激励机制是否存在关联性，是否根据绩效评估结果进行相应的激励措施。

#### （七）文化与价值观

了解大学的文化氛围和价值观是否与治理目标相契合，是否与学校的使命、愿景和目标相一致，是否促进组织的凝聚力和发展。使命、愿景和目标的明确性，反映大学内部组织是否明确了自己的使命、愿景和目标以及目标是否与学校的整体战略相一致。文化和价值观的认同度，考察学校内部组织的成员是否认同组织的文化和价值观，以及文化和价值观是否激励成员为实现组织目标而努力工作。行为准则的制定和执行，评估学校内部组织是否制定明确的行为准则，以及准则是否得到有效的执行。领导风格的影响，考察学校内部组织的领导风格是否与组织的文化和价值观相一致以及领导风格是否对组织成员产生积极的影响。文化和价值观的传承和发展，评估学校内部组织是否注重文化和价值观的传承和发展，以及是否不断适应外部环境的变化。

### 二、实施过程

大学内部组织治理评估是对大学内部组织的结构、功能、运作和绩效进行全面、系统的评估，以提高大学内部组织的治理水平和效率。评估过程一般包括以下几个步骤。

#### （一）确定评估目标和范围

在进行大学内部组织治理评估之前，需要明确评估的目标和范围。评估目标应该与大学的战略目标相一致，评估范围应该包括大学内部的各个组织和部门。明确评估的目的，确定评估的主要目的是什么，例如改进治理结构、提高决策效率和增强组织绩效等。数据的可获得性和可靠性，即评估方法和工具应该考虑数据的可获得性和可靠性，以确保评估的结果基于准确和可靠的数据。评估的成本和效益，即评估方法和工具应该考虑评估的成本和效益，以确保评估的结果在合理的成本和时间内完成。评估的可行性和可操作性，评估方法和工具应该考虑评估的可行性和可操作性，以确保评估的结果在实际操作中得到应用。考虑利益相关者的需求，了解学校内部各个利益相关者（如管理层、教职工、学生、校友等）对组织治理的期望和需求。分析组织的现状，对大学内部组织的结构、职能、运作方式等进行全面分析，找出存在的问题和挑战，有助于确定评估的具体内容和范围。参考相关标准和指南，参考国内外关于大学组织治理的标准、指南和最佳实践，了解评估的一般要求和重点领域。确定评估的层次和范围，明确评估将涵盖哪些层次的组织（如学校整体、学院、部门等）以及哪些方面的治理（如决策机制、沟通渠道、权力分配等）。制定具体的评估指标是指根据评估的目的和范围，制定具体的、可衡量的评估指标，以便对组织治理的绩效进行客观评估。考虑时间和资源限制，评估工作需要一定的时间和资源投入，因此在确定目标和范围时，要考虑实际的可行性和可操作性。与相关人员进行沟通和协商，与学校管理层、教职工代表、学生代表等进行沟通和协商，听取他们的意见和建议，确保评估的目标和范围得到广泛认可和支持。

### （二）收集评估资料

数据揭示治理结构和过程的优缺点，为制定改进策略提供了有力依据。因此，在收集和分析数据时，需要仔细考虑以下几个因素。首先，数据来源和类型应多样化。可以用问卷调查、访谈、文献分析和案例研究等方法以提供有价值的信息。问卷调查广泛收集师生和员工的意见和看法；访谈深入了解关键人物的观点和经验；文献分析有助于了解学校的历史和政策背景；案例研究提供具体的实践案例。综合运用各种方法，可确保数据的全面性和准确性，避免单一数据源的局限性。其次，数据的收集方法和工具应科学合理。无论是问卷调查还是访谈，需精心设计问题，确保其具有明确的目的和针对性。同时，要选择合适的样本，以保证数据的代表性。在文献分析中，要对相关文献进行系统的筛选和评估。案例研究则需选择具有典型性和启发性的案例。此外，利用现代信息技术，如在线调查工具和数据分析软件，提高数据收集和分析的效率和准确性。再次，数据的分析方法和工具应多样化。统计分析揭示数据总体特征和趋势；内容分析深入挖掘文本数据中的信息；案例分析通过具体案例展示治理的实际情况。综合运用以上方法，可以从不同角度对数据进行分析，确保评估的深入性和全面性。同时，要根据数据的特点和研究目的选择合适的分析方法，避免方法的滥用和误用。最后，数据的质量控制和验证至关重要。在数据收集过程中，要确保数据的准确性、完整性和一致性。对收集到的数据进行严格的审核和清理，去除无效或错误的数据。同时要对数据进行验证，通过多种途径核实数据的真实性和可靠性。在数据分析过程中，要对结果进行反复验证和核对，确保分析的准确性和可靠性。保证数据的质量，使评估结果具有可信度和应用价值。因此，收集和分析数据是评估大学内部组织治理的关键环节。多样化的数据来源和类型、科学合理的数据收集方法和工具、多样化的数据分析方法和工具以及严格的数据质量控制和验证，可以确保评估的全面性、准确性和可靠性。为大学管理者提供宝贵的信息，帮助了解学校治理的现状，发现问题和不足，并制定相应的改进措施，推动学校的持续发展和进步。

**（三）撰写评估报告**

根据分析评估资料的结果，撰写评估报告。评估报告应该包括评估的背景、目标、范围、方法、指标、标准、结果、结论和建议等内容。评估报告应该客观、公正、准确地反映大学内部组织的治理情况，为大学的决策提供参考依据。撰写评估报告是评估过程中的关键环节，直接影响评估结果。因此，在撰写评估报告时，需要充分考虑以下几个因素。评估报告的首要任务是明确评估的目标和范围，有助于读者清楚地了解评估的背景和目的，理解报告的内容。评估目标应该明确、具体，并与大学的发展战略和目标相一致，评估范围则应涵盖大学内部组织治理的各个方面，包括组织结构、管理体制、决策过程、沟通机制等。评估报告应详细介绍评估所采用的方法和工具，有助于读者了解评估的过程和依据，增强报告的可信度和可靠性。评估方法包括问卷调查、访谈、文献分析、案例研究等。评估工具包括评估指标体系、数据分析软件等。在介绍方法和工具时，应说明其选择的理由和合理性，并对其有效性进行评估。评估报告的核心部分是评估的结果和分析。在呈现结果时，可以采用图表、数据等形式，使结果更加直观、清晰。在分析结果时，应深入探讨其背后的原因和影响，并提出相应的建议和措施。这部分内容应客观、准确地呈现评估的发现和结论，为读者提供有价值的信息。评估报告的最后部分是评估的结论和建议，内容应明确、具体地总结评估的主要发现和结论，并提出有针对性的建议和措施。结论应建基于评估的结果和分析，具有科学性和合理性。建议应具有可操作性和可行性，为大学的发展提供实际的指导和帮助。

**（四）反馈评估结果**

在大学内部组织治理的评估过程中，反馈和应用评估结果是至关重要的环节。直接影响着评估的效果和应用，还对大学的发展和改进具有深远意义。首先，评估结果的及时反馈对于大学内部的相关部门和人员至关重要。及时了解大学内部组织的治理情况，可把握学校现状，明确问题所在，并采取相应的措施进行改进。及时反馈可促使各部门积极行动，共同推动大学的发展。其次，评估结果的应用应体现在大学的决策和管理中，将评估结果作为决策的依据，使决策更加科学、合理。例如，在资源分配、政策制定等方面，评估结果提供有力支持，帮助大学做出更明智的选择。同时，评估结果可用于改进管理流程，提高管理效率，优化资源配置。此外，评估结果的跟踪和再评估是确保评估效果的关键，定期对评估结果的应用情况进行跟踪和再评估，了解评估结果实施效果和存在的问题。通过这种方式，学校可及时发现并解决问题，不断完善评估体系，提高评估准确性和实用性。为了更好地反馈和应用评估结果，需考虑以下几个因素：一是建立有效的反馈机制。确保评估结果准确、及时地传达给相关部门和人员，同时鼓励积极参与反馈过程，提出意见和建议。二是加强评估结果的解读和分析。评估结果往往是复杂的数据和信息，需要进行深入的解读和分析，以便让人更好地理解其含义和影响。三是制定具体的行动计划。根据评估结果，制定切实可行的行动计划，明确责任人和时间节点，确保改进措施得到有效实施。四是加强沟通和协作，在反馈和应用评估结果的过程中，各部门之间需加强沟通和协作，形成合力，共同推动大学发展。

反馈和应用评估结果是大学内部组织治理评估的重要环节。及时反馈、有效应用和跟踪评估，可不断提高大学的治理水平和效率，为大学发展提供有力支持。在这个过程中，充分考虑各种因素，建立科学合理机制，确保评估结果得到充分利用，为大学未来发展奠定坚实基础。

## 第四节　监督机制的建立与完善

### 一、监督机构的设置

大学作为高等教育的重要机构，其内部组织治理的有效性对于保障教学质量、学术研究和学生发展至关重要。确保大学的正常运转和发展，需建立健全的监督机构，明确其职责和权力。监事会是大学内部组织治理的重要监督机构之一。监事会的成员通常由学校的教职工代表、学生代表、校友代表等组成。监事会的主要职责是监督学校的财务状况、经营管理和决策过程，确保学校的运营合法、合规、透明。审计委员会是大学内部组织治理的另一个重要监督机构。审计委员会的成员通常由学校的财务专家、审计专家、法律专家等组成。审计委员会的主要职责是监督学校的内部审计工作，确保学校的财务报表真实、准确、完整。学术委员会是大学内部组织治理的学术监督机构。学术委员会的成员通常由学校的教授、副教授、博士生导师等组成。学术委员会的主要职责是监督学校的学术研究、教学质量和学术规范，确保学校的学术水平和声誉。教职工代表大会是大学内部组织治理的民主监督机构。教职工代表大会的成员通常由学校的教职工代表组成。教职工代表大会的主要职责是监督学校的行政管理、教职工权益和福利待遇，确保学校的管理合法、公正、透明。

### 二、监督机构的职责

监督机构的职责具体有以下几个方面。

（1）监事会的职责。监督包括财务报表的真实性、准确性和完整性在内的学校财务状况，包括学校的决策过程、管理制度和执行情况，监督学校的内部控制制度、学校的经营管理，包括财务内部控制、风险管理和合规性，向学校的董事会或管理层提出建议和意见，促进学校的健康发展。

（2）审计委员会的职责。监督包括内部审计计划的制定、审计工作的执行和审计报告的审核等学校的内部审计工作，包括外部审计机构的选择、审计费用的合理性和审计报告的审核等外部审计工作，监督学校的财务报表编制，包括财务报表的真实性、准确性和完整性，向学校的董事会或管理层提出建议和意见，促进学校的财务管理和内部控制制度的完善。

（3）学术委员会的职责。监督包括学术研究计划的制定、研究项目的评审和研究成果的评价等学校的学术研究工作，包括教学计划的制定、教学过程的管理和教学效果的评价等教学质量和包括学术道德、学术诚信和学术纪律的学术规范执行情况，向学校的董事会或管理层提出建议和意见，促进学校的学术水平和教学质量的提高。

（4）教职工代表大会的职责。监督包括学校的发展规划、工作计划和工作执行情况等学校的行政管理工作，监督包括教职工的工资待遇、社会保险、住房公积金等学校教职工的权益和福利待遇，监督包括学校的民主决策、民主监督和民主参与情况等学校的民主管理工作，向学校的董事会或管理层提出建议和意见，促进学校的管理合法、公正、透明。

监督机构的运行机制有以下几个方面。

（1）监事会的运行机制。监事会定期召开会议，审议学校的财务状况、经营管理和决策过程等事项。要求学校的管理层提供相关的财务报表、审计报告和工作报告等资料，聘请外部审计机构对学校的财务状况进行审计，向学校的董事会或管理层提出建议和意见，促进学校的健康发展。

（2）审计委员会的运行机制。审计委员会定期召开会议，审议学校的内部审计工作、外部审计工作和财务报表编制等事项。要求学校的内部审计机构提供相关的审计报告和工作报告等资料，聘请外部审计机构对学校的财务报表进行审计，向学校的董事会或管理层提出建议和意见，促进学校的财务管理和内部控制制度的完善。

（3）学术委员会的运行机制。学术委员会定期召开会议，审议学校的学术研究计划、教学计划和学术规范等事项，要求学校的教学科研部门提供相关的研究项目、教学计划和学术成果等资料，组织专家对学校的学术研究成果进行评价，向学校的董事会或管理层提出建议和意见，促进学校的学术水平和教学质量的提高。

（4）教职工代表大会的运行机制。教职工代表大会定期召开会议，审议学校的发展规划、工作计划和工作执行情况等事项。要求学校的行政管理部门提供相关的工作报告和资料，组织教职工对学校的管理工作进行评价，学校的董事会或管理层提出建议和意见，促进学校的管理合法、公正、透明。

大学内部组织治理的监督机构设置是保障学校健康发展的重要制度安排。大学通过建立健全监督机构，明确其职责和权力，可有效地监督学校的财务状况、经营管理、学术研究和教学质量等方面的工作，促进学校健康发展。同时，监督机构的运行机制需不断完善和优化，以提高监督的效率和效果。

## 第五节 评估与监督的协同作用及效果分析

### 一、评估与监督的协同关系

大学作为高等教育的重要机构，其内部组织治理和监督机制的协同关系对于保障大学的正常运转和发展至关重要。

（1）协同关系。大学内部组织治理和监督机制的目标是保障大学的正常运转和发展，提高大学的教育质量和学术水平。因此，两者的目标是一致的；大学内部组织治理和监督机制是相互依存的。一方面，大学内部组织治理需要监督机制的保障，以确保治理的有效性和合法性；另一方面，监督机制需要大学内部组织治理的支持，以确保监督的针对性和有效性。大学内部组织治理和监督机制是相互促进的。一方面，大学内部组织治理的不断完善为监督机制的有效运行提供更好的制度环境和组织保障；另一方面，监督机制的有效运行为大学内部组织治理的不断完善提供更好的监督保障和制度支持。

（2）协同要求。目标一致性评估是评估大学内部组织治理和监督机制的协同关系的重要方法之一。它通过对大学内部组织治理和监督机制的目标进行比较和分析，评估两者的目标是否一致，以及目标的一致性程度。相互依存性评估是评估大学内部组织治理和监督机制的协同关系的重要方法之一。它通过对大学内部组织治理和监督机制的相互依存关系进行分析和评估，分析两者的相互依存程度，以及相互依存关系的有效性和稳定性。相互促进性评估是评估大学内部组织治理和监督机制的协同关系的重要方法之一。

### 二、协同作用的实现机制

（1）评估大学内部组织治理和监督大学内部组织治理协同关系的

重要性。评估大学内部组织治理和监督大学内部组织治理协同关系有助于及时发现大学内部组织治理和监督机制中存在的问题和不足，及时采取措施加以解决，保障大学的正常运转和发展；评估大学内部组织治理和监督大学内部组织治理协同关系可以促进大学内部组织治理和监督机制的不断完善和优化，提高大学的教育质量和学术水平；评估大学内部组织治理和监督大学内部组织治理协同关系可以增强大学的社会公信力和竞争力，提高大学的社会声誉和影响力。

（2）实现评估大学内部组织治理和监督大学内部组织治理协同关系的具体机制。建立健全评估指标体系是实现评估大学内部组织治理和监督大学内部组织治理协同关系的重要基础。评估指标体系应当包括治理结构、治理机制、监督机制、信息公开等大学内部组织治理和监督机制的各个方面。加强评估机构和评估人员的建设是实现评估大学内部组织治理和监督大学内部组织治理协同关系的重要保障。机构应当具备独立性、专业性和权威性，人员应当具备丰富的实践经验和专业知识。完善评估程序和评估方法是实现评估大学内部组织治理和监督大学内部组织治理协同关系的重要环节。程序应当包括评估准备、评估实施、评估报告等环节，方法应当包括定性评估和定量评估相结合、内部评估和外部评估相结合等。加强评估结果的应用和反馈是实现评估大学内部组织治理和监督大学内部组织治理协同关系的重要手段，评估结果应当作为完善大学内部组织治理和监督机制的重要依据，同时应当及时向社会公开，接受社会监督。

# 第六章　大学内部组织治理中的人员管理与文化建设

## 第一节　大学内部组织中的人员构成与现状

### 一、大学内部组织中的人员构成与角色

大学内部组织中的人员构成与角色较多，涉及不同的管理层级和职能分工，确保高等教育机构的高效运行和学术活动的自由发展。首先，大学内部组织结构通常包括党政管理机构、学院（系）、直属单位、议事机构、学术交流与研究机构及附属单位等。这些机构各司其职，共同推动学校的教学、科研以及管理工作。在人员构成上，大学高层管理通常设有党委书记、校长等职位，负责学校的整体战略规划和决策。中层管理人员包括各党政部门负责人、学院（系）院长（系主任）等，负责具体的行政管理和学术事务。基层学术组织则由教授、教师、科研人员等组成，直接参与教学和科研工作。角色分配上，党委书记和校长等高层领导负责把握学校发展方向，制定重要政策，处理重大问题。中层管理人员则负责执行高层决策，管理具体事务，如教务管理、科研管理、学生事务等。基层学术组织中的教授和教师则侧重于教学和科研创新，推动学术发展。同时，大学内部还设有多种委员会和工作组，如学术委员会、教学委员会等，负责学术评价、教学监督等工作。这些组织通常由教师代表和行政人员共同组成，实现学术权力和行政权力的平衡与协调。大学内部组织中的人员构成与角色并非固定不变，而是根据教育改革和学校的发展要求不断调整优化。例如，为提高教学质量，大学会加强教学督导和评估机制，增设教学质量管理处等机构。大学内部组织还需处理好行政性学术委员会与学术团队自由发展之间的关系，避免行政力量过度干预学术活动。大学内部组织中的人员构成与角色体现高等教育机构的复杂性和专业性，通过不同层级和职能的合理划分，共同推动大学的教育事业不断发展。

### (一) 人员选拔与招聘

在大学内部组织治理中，人员选拔与招聘是确保高校质量和发展的关键环节。一流的大学治理①结构需要尊重大学规律、体现中国特色、服务有效治理及兼顾开放多变。高校在人员选拔与招聘时，要关注个体专业能力，考虑其是否符合大学整体发展战略和文化特性。在选拔和任用内设机构负责人时，应遵循党管干部、德才兼备、以德为先、事业为上、人岗相适、人事相宜、公道正派、注重实绩、群众公认及民主集中等原则。选拔任用内设机构负责人的基本程序包括审核编制、制定工作方案、择优选拔、讨论决定及发文任免等步骤，高校在招聘过程中应建立透明、公正的选拔机制。有效的授权制度和规范运作的决策体系对于提升大学治理效能至关重要。推进权力清单制度的形成，需规范和支持院系自治。院系作为大学的基本学术单位，在治理中占有重要地位。高校应确立二级学院在大学治理中的地位，以学院治理为基础推进大学治理，落实学院在办学中的主体地位，由各级学院来主持与选拔所需人才。大学治理的有效性取决于合理的制度设计与安排，包括基本制度和具体制度的互动，要求高校在人员选拔与招聘中，依据明确的制度框架来进行操作，确保治理稳定性和适用性。大学治理体系的一般运行规律在人员选拔与招聘中的体现，应遵循依规有序治理、民主管理和学术自由等治理形态，确保治理的科学性和有效性。上述关键点反映出大学内部组织治理中的人员选拔与招聘是一个系统性工程，需要综合考虑组织结构、选拔原则、决策体系、院系治理、制度设计和运行体系等多方面因素，以实现高校治理的现代化和科学化。

### (二) 人员培训与发展

大学内部组织治理中，人员培训与发展是提升高校治理效能和构建现代大学制度的重要组成部分。高校通过开展组织内部控制专题培训会，提升治理水平；完善内部控制长效机制，营造内控文化。中国特色一流大学人员培训与发展的治理结构体系架构，需协调校内纵横向权力关系，体现“多元共治”②；处理好组织权力和个体权力关系，

---

① 甘永涛．大学治理结构的三种国际模式［J］．高等工程教育研究，2007（2）：72-76.

② 魏妮，司晓宏．高质量审计助力大学治理现代化：逻辑必然与功能优化［J］．西北大学学报（哲学社会科学版），2024，54（2）：172-182.

形成稳定明晰的组织结构与专业化管理团队；依托有效授权制度和规范运作决策体系，提升治理效能；建立权力清单制度，实施授权明晰的分级管理方式，规范和支持院系自治；加快大学校长专业化进程，完善大学治理体系，提高大学治理能力。

权威与自治的包容性增长是重构大学内部治理体系、提升大学内部治理能力的关键。大学通过内部治理体系和权力结构的调整，实现内部共同治理。其中，特色骨干大学要打破内部治理困境[①]，应从完善大学章程、建立多元利益相关者参与的治理主体、科学界定部门职能、合理设置二级院系、实施有效的编制管理等方面进行完善。大学内部组织治理中的人员培训与发展是一个多维度、多层次的系统工程，需综合考虑内部控制、治理结构、组织管理、权力分配、院系自治和编制管理等多方面因素，以实现高校治理的现代化和科学化。

## 二、人员管理中存在的问题与挑战

### （一）人员结构不合理

在大学内部组织治理中，人员激励机制的不完善主要表现为大学管理层级与组织结构繁杂，不同部门和岗位职责界定不清晰，出现职责重叠或推诿现象，决策过程缓慢，信息传递效率低下，影响高校工作运作效率、响应速度和团队协作。教师队伍专业与年龄结构存在不合理之处，年轻教师和管理人员较少，中老年教师和管理人员较多，缺乏活力和创新精神，部分学科领域人才过剩，其他领域人才紧缺，影响教学和科研的平衡发展。有效的人才流动机制和晋升途径单一，优秀人才难以进入高校，并且高校内部人才流动困难，缺乏多元化评价体系，教师发展受限，影响工作积极性。缺乏有效的内部监督机制，致使权力滥用或决策失误，人力资源在不同部门或学科之间分配不均衡，某些领域发展迅速而其他领域发展滞后，影响高校内部组织治理的公正性和透明度。学院在大学治理中的地位不突出，某些专业的人员相对较多，其他专业的人员相对较少，例如学术人员与行政人员权力分配不均，学术自由受限，影响学术创新和教学质量。专业结构不合理导致学院的自主权和决策权受限，大学内部组织的专业设置和人

① 高明鸣．条块视阈中的基层开放大学治理困境与对策研究［J］．成人教育，2023，43（7）：59-63.

才培养不能很好地适应社会需求，影响学院的特色发展及内部组织治理的效率和效果，制约大学的整体发展。

**（二）人员激励机制不完善**

在大学内部组织治理中，人员激励机制的不完善主要表现为当前部分高校激励机制过于依赖物质奖励，忽视精神激励、职业发展等非物质激励的重要性，激励效果有限，且部分高校存在绩效考核指标单一、量化过度等问题，未能全面反映教职工工作绩效和贡献，影响教职工的积极性和工作效率。高校行政管理人员与教职工职业发展路径不明确，缺乏与工作绩效相匹配的薪酬福利体系，劳动得不到合理回报和认可，晋升机会有限，工作动力不足，缺乏有效反馈渠道，参与度和影响力有限，产生职业倦怠感。高校内部在激励过程中未充分考虑教职工的个体差异和需求，缺乏积极向上的组织文化和工作氛围，采用“一刀切”的激励方式，未能形成有效的精神激励、团队凝聚力与个性化激励。某些高校虽然建立激励制度，但在实际执行过程中存在偏差，忽视对教职工的人文关怀，未关注教职工的个人成长和心理健康，制度落实不到位，影响激励效果，教职工感到缺乏归属感和认同感，且高校激励机制未与学校发展目标和战略方向紧密结合，导致激励效果与组织目标不匹配。

**（三）人员流动机制不灵活**

在大学内部组织治理中，人员流动机制的不灵活体现在一些高校人事管理体制存在约束，受限于编制、岗位设置等，教职工的校内流动或调出不够灵活。对于服务期未满的教职工，高校要求其配偶或子女同时调离，否则不予审批调出申请，人员流动受限的同时致使人才引进困难，难以吸引优秀人才加入。涉及经济活动的教职工在调出前需经过审计，且受工作合同条款约束，服务期未满需缴纳违约金，且高校在人员调动流程上缺乏透明度，教职工对调动机制感到不明确或不公正，影响人员流动积极性，导致人员流失严重，优秀人才选择离职或者跳槽到其他高校。高校没有为教职工提供合理的激励措施与政策，导致员工缺乏职业发展路径规划。在全球化背景下，高校需要面对国际化带来的挑战，吸引和留住国际人才，促进国内外教职工的流动和交流。

### （四）人员管理理念落后①

大学内部组织治理中人员管理理念落后的问题主要表现：一些大学仍然沿用传统化、层级化的管理模式，强调权威和统一，重管理轻服务，不能满足教师和管理人员实际需求；重结果轻过程，不关注教师和管理人员的工作过程和工作质量，忽视人员的个性和创造性；在人员管理上缺乏长远规划，对人才的吸引、培养、使用和留存缺乏系统性的战略设计。在人员管理中，重行政轻学术，学术自由和创新精神受限，难以尊重教师和管理人员的学术成果和学术地位。绩效评价体系过于侧重量化指标，忽视教师和科研人员的工作多样性和复杂性，对教职工的工作成果和贡献缺乏有效的激励和认可，影响人员的积极性和忠诚度。在决策过程中，教师和学生的意见被忽视，导致管理决策与实际需求脱节。在学科管理上，大学内部人才流动和交流机制不畅通，限制人员的横向和纵向发展机会，对新兴学科和跨学科研究的支持不足，影响学科交叉融合和创新发展。在信息管理中，信息化手段应用不足，管理效率低下，信息孤岛现象严重。这些问题制约了大学内部组织治理的有效性，影响了大学的创新能力和竞争力。

# 第二节　治理现代化下人员激励机制与绩效考核体系

## 一、激励机制设计

### （一）激励理论

激励理论②在大学内部治理中的应用涉及多个维度，例如如何通过科学的激励机制提高教职工工作积极性、创新能力和工作绩效。激励理论强调以人为本的制度设计，通过规则、制度和文化实现对组织成员的方向引导、动机激发与行为强化，持续调动人的主动性、积极性和创造性。高校绩效评价是提升大学治理能力和推进高等教育内涵式发展的重要手段，包括设计科学合理的指标体系，兼顾定量与定性、规模与质量、总量与人均、外部表现与内涵提升等多个维度。实施人

---

① 吉明明，马金平. 大学治理中学生参与的批判性话语分析［J］. 江苏高教，2024（2）：45-51.

② 宫龙江，张凯丽. 学生参与大学治理的现实困境及突破路径：基于黑龙江省 23 所高校大学章程的文本分析［J］. 教育探索，2023（11）：33-37.

才发展战略，如上海交通大学提出的“三步走”战略，通过引进海外高层次人才和培养校内青年人才，搭建个性化“人才成长阶梯”，激发教师的创新活力，推动学术治理，提高学术判断在大学决策中的地位和作用，保证决策的科学性、有效性，营造宽容、宽厚、宽松的学术创新和发展氛围。优化大学内部治理结构①，明确办学理念、办学定位和办学特色，改善运行管理，加强质量控制，协调社会关系。改革人事管理体制，建立能上能下、能进能出的竞争流动机制，避免“铁饭碗”现象，激发教职工的积极性和创造性，建立合理完备的制度约束体系，同时通过制度激励形成正面双向的激励力量，避免制度单向强制性要求，建立大学与社会之间的协调保障机制，使大学在承担社会或政府职能时得到更多外部支持和保障。通过上述措施，大学能构建一个更加科学、合理和有效的内部治理体系，实现高等教育的内涵式发展和质量提升。

**（二）促进产学研结合的人员激励措施**

促进产学研结合主要表现为国家主导建立平台，完善组织协调机制，兼容科研与产业活动在认知与激励模式上的差异，加强内向整合型的产学研实践，有针对性地在产学研合作的经费、人事、薪酬、绩效等方面予以支持，支持企业和高校合作建立新型研发机构。在国家重点研发计划中开展科技计划项目的公私合作试点，制定并完善支持联盟、公私合作的政策，调整公立大学和科研院所的评价体系和科研人员的职称评审标准，加强技术转化机构和专业人才队伍建设，提高中介机制的资源整合能力，加强中介机制对问题确认和成果持续研发的支持。

政府应完善补贴分配政策，提升产学研协同合作的创新绩效，实施精准补贴政策，优化与产学研相关的考核指标，采用衡量创新的指标来评估产学研结合的效果，如高校对研发的投入、研发人员增加、申请专利增长等来坚持教育发展、科技创新及人才培养一体化推进，形成良性循环，实现科教融汇和产教融合。高校充分利用现代化的通信系统和信息技术手段，构建产学研信息收集和网络发布平台，打造集咨询、检索、申请、评估、审批、投融资等功能于一体的服务平台，

① 尹佰荷．我国大学内部治理结构的重构研究［D］．哈尔滨：黑龙江大学，2015．

加强科技中介建设，发挥服务、评估、经纪和咨询等职能，为科技创新实体提供社会化、专业化服务。这些措施可以激发高校和科研院所等产学研主体的创新活力，促进科技成果转化和产业化，推动经济高质量发展。

**（三）鼓励科技创新的激励机制**

大学内部治理在鼓励科技创新的激励机制方面可以构建符合国家战略需求的学科设置调整机制和人才培养模式，制定和修订科技成果转化相关管理办法，利用《技术转让与许可管理办法》《技术入股管理办法》等政策明确科技成果的权属、转化路径和收益分配比例，为科技成果转化提供人才和技术支持。成立科技成果转化领导小组和科技园及知识产权管理办公室，统筹知识产权管理、成果转化和企业孵化等职能，鼓励跨学科研究和教育，打破学科壁垒，推动新工科、新医科等多学科交叉融合，加强基础学科建设，提高高校科技成果转化效能，打造高校区域技术转移转化中心，加快建设高等研究院，推动高校和企业协同创新，促进科研成果的高水平创造和高效率转化，建立全流程服务机制，提供项目方案论证、价值评估及协议起草等专业化服务，提升转化质量，增加效益。

创建技术转移中心与社会专业机构联合建立的技术转移机构，负责知识产权的申报、管理、运营和保护，通过政策和资金支持，鼓励科研人员参与科技成果转化，从成果转化中获得合理的奖励和激励，创新人才培养体系，利用科研平台和实践基地等资源，打造高校、企业、社会育人联合体，提升学生的创新能力①。同时推进开放合作，加强区域创新中心建设，根据不同区域经济社会发展程度，建立技术转移中心和成果转化中心，形成全国技术转移网络，办好人民满意教育，提高教育质量，加强教育资源共享和公共服务平台建设，促进教育公平和质量提升。通过这些措施，大学可以更有效地促进科技成果转化，提升国家创新体系的整体效能，激发科技创新活力，培养和吸引更多优秀人才，为国家创新驱动发展战略提供坚实的人才和科技支撑。

---

① 吴岳良，王艳芬，肖作敏，等. 服务国家战略需求培养拔尖创新人才：中国科学院大学科教融合办学的制度逻辑与发展实践［J］. 中国科学院院刊，2023，38（5）：685-692.

### （四）适应数字化时代的人才激励模式

数字化时代，大学内部治理鼓励科技创新的激励机制，高校需构建一个包含技术能力、创新思维及数据分析等多维度的数字化人才能力模型，以此为基础设计培养计划和激励政策，重点培养具有数字化视野的领导者，通过发展项目和数字化转型研讨会等形式，提升领导者数字化认知和转型推动能力，并在绩效考核中予以体现。投资建设智能教室、在线学习管理系统等教育基础设施，为数字化教学提供支持并建立一体化的智慧教育平台，调整和优化专业人才培养体系，确保教育内容与数字化技术发展同步，通过专业认证和继续教育等方式鼓励教师和学生提升数字化技能。

开展数字技能提升行动，开发针对不同层次和需求的数字技能培训项目。例如：利用在线课程、工作坊等形式，提高师生的数字技能，构建开放共享的数字教育资源库，促进优质教育资源的整合与共享。又如，支持教师创新教学方法，在教学管理中融入人工智能技术，开发智能教学助手，提供个性化学习路径推荐，增强学生的学习动机和效果，丰富学生学习体验。推动学科建设与数字化技术的深度融合，支持跨学科研究项目。例如：鼓励学生参与前沿技术的研究与应用，建立以学习者为中心的教育体系，利用数字技术满足学生的个性化学习需求，为学生提供灵活多样的学习方式，营造鼓励创新、容忍失败的校园文化，确保数字化转型过程中教师和学生的积极参与。学校通过这些措施，激发师生的创新潜力，培养适应数字化时代的人才，推动高校教育与科技深入融合，实现高质量发展。

## 二、人员绩效考核与评价体系的完善

### （一）明确考核目标

在大学内部治理中，明确考核目标是确保绩效考核与评价体系有效性的关键。基于大学的战略规划和使命，制定清晰、具体和可衡量的绩效目标，确保每个教职工都了解他们的工作目标和预期成果，确保考核目标的具体（specific）、可衡量（measurable）、可达成（achievable）、相关性（relevant）和时限性（time-bound）。大学通过有效的沟通渠道，根据不同部门、岗位的特点和职责，设定分层分类的考核目标，确保所有教职工对考核目标有清晰的认识，适应不同工作性质的需求。定期回顾考核目标实施情况，根据实际情况和外部环境变化，适时调整目标，确保目标的持续相关性和挑战性，并明确考核目标与绩效评价结果的关联。建立与考核目标相匹配的激励奖励机制，对于达成或超越目标的个人或团队给予相应的奖励。确保考核流程的透明度，让教职工了解绩效如何被评估，以及评估结果如何影响职业发展和薪酬。提供定期的绩效反馈，帮助教职工了解优势和改进领域，并制定个人发展计划。利用数字化工具和平台，收集和分析绩效数据，为考核目标的设定和评估提供数据支持。通过这些措施，大学可以确保绩效考核与评价体系更加科学、合理，更好地激励教职工为实现组织目标做出贡献。

### （二）设计合理的考核指标

在大学内部治理中，设计合理考核指标是确保绩效考核体系有效性的关键。该体系应依据员工岗位特点与职责，明确工作任务与目标，考核工作数量、质量及对学校发展的贡献，评估政治思想素质与职业道德，将师德列为重要内容。评价教师教学效果、科研成果、社会服务参与情况、团队协作精神、专业发展、指导学生情况、国际交流与合作、创新思维与实践，通过教职工、学生或其他服务对象评价了解工作表现，明确考核结果对薪酬、晋升及职业发展的影响。根据学校的发展需要及外部环境变化，定期评估与调整考核指标，确保考核过程公开透明、标准公正合理。选择合适的考核方法时，需综合考虑教学、科研及学生指导等方面，将教学成效、课堂教学质量及学生管理纳入考核范围，采用多维度评价方法，考核教师社会服务参与情况、团队协作精神与领导能力，强调职业道德与政治思想素质，鼓励参与国际交流与合作，根据考核结果进行绩效分配，建立健全绩效考核体系，承认教师多样化成果价值，利用信息技术手段建立考核数据收集与分析系统，定期评估与修订考核体系，确保其适应性与有效性。通过上述方法，大学可构建一个综合性绩效考核体系，既能适应不同学院、不同学科的考核需求，又能促进教师全面发展，提高教育教学质量。

### （三）加强考核过程的管理

在大学内部治理中加强考核过程的管理。第一，要制定清晰明确的考核目标，使每个教职工都能清楚地了解自己的职责以及预期成果。这些目标应涵盖教学、科研、社会服务等多个维度，以确保考核的全面性和公正性。第二，通过定期考核和实时监控，及时发现教职工的工作表现和成果是否符合预期目标。在考核过程中，结合自评、同行评价和学生评价等多种评价方式，提高考核的客观性和准确性。考核结果应及时反馈给教职工，让他们了解自己的工作表现情况，根据反馈进行相应的改进。同时，将考核结果与教职工的晋升、奖励、培训等挂钩，以激励教职工改善工作表现。为了确保考核的透明度和公正性，考核标准、过程和结果应对所有教职工公开。大学通过宣传和培训，能提高教职工对考核制度的理解和认同。针对教职工对考核结果的异议，设立专门的机构或程序进行处理。大学通过信息系统收集和分析考核数据，能提高考核的效率和准确性。第三，根据学校的发展和教职工的反馈，不断优化考核体系，确保其具有适应性和有效性。通过上述措施，大学可以建立一个科学、合理、高效的考核管理体系，从而促进教职工的工作积极性，推动学校的整体发展。

**（四）合理运用考核结果**

在大学内部治理中，合理运用考核结果是提升教育质量和管理效率的重要手段。考核结果可以作为教职工职业发展路径规划的重要参考，帮助他们识别优势和改进领域，反馈给教职工，并根据反馈进行相应改进，将考核结果作为教育资源分配的依据，如课程安排、研究经费分配等，确保资源向表现优秀和有潜力的教职工倾斜。考核结果帮助教职工更好地理解学校的目标和期望，将自己的工作目标与学校战略对齐。利用考核结果来分析教学方法和课程内容的有效性，指导教学改进和课程更新。公开考核标准和结果，提高管理的透明度，确保在同等标准下评估所有教职工，识别需要进一步培养和培训的领域，为教职工提供专业发展机会。揭示团队合作效果，鼓励团队协作和知识共享。定期使用考核结果来监控教育质量，确保教育标准得到维护和提升。对于研究和创新活动的考核结果，调整研究方向，激励创新思维，构建激励机制，鼓励教职工追求卓越，提高工作动力。大学通过这些方法，确保考核结果得到合理运用，促进内部治理持续改进。

**（五）持续改进考核体系**

在大学内部治理中，持续改进考核体系是一个动态的过程，需要不断评估、调整和优化以适应教育发展的新要求。例如：定期对考核体系进行评估，确保其与大学的战略目标、教育政策和实际需求保持一致；建立有效的反馈机制，收集教职工、学生和其他利益相关者对考核体系的意见与建议，根据反馈结果提高考核体系透明度，确保所有相关方清楚考核标准、流程和结果；利用数据分析来评估考核体系的有效性，识别存在问题和改进方向，确保考核体系与大学教学、研究和社会服务等核心目标保持一致；考虑到不同学科和岗位的特点，提供个性化和灵活的考核方式；为教职工提供持续的专业发展机会，帮助他们理解并适应考核体系的要求；利用信息技术简化考核流程，提高效率和准确性；通过考核结果激励教职工，合理设置奖励机制，确保考核体系得到政策支持，与高等教育的整体改革和发展相协调。培育一种以质量为中心的校园文化，鼓励持续改进和卓越追求。确保考核体系遵守相关法律法规，符合教育伦理标准。大学通过这些措施，建立一个更加公正、合理和有效的考核体系，促进教育质量持续提升和增强内部治理能力。

## 第三节　大学组织文化的内涵与功能

### 一、大学组织文化的内涵

大学组织文化是指大学在长期的发展过程中形成的一种独特的文化氛围和价值观念体系，包括大学精神、制度、行为和物质文化等方面。

（1）精神文化。大学组织文化中的精神文化是大学在长期办学过程中形成的独特文化品质和精神特质，体现一所大学的办学理念、价值追求和精神面貌，对大学发展和师生行为有着深远影响。大学作为知识创新的重要基地，强调创造性，鼓励探索未知，推动科学与技术的发展，倡导独立思考和批判性分析，培养理性反思社会现象和价值观念的人才，关注社会发展，积极参与社会服务，致力于解决现实问题，推动社会进步。大学应推崇科学精神，强调实事求是、追求真理，注重人才的发掘和使用，为有才能的师生提供发展机会，营造公平竞争的环境，培养具有科学素养的人才。大学应倡导民主管理与施教，注重内涵发展，追求长远目标，不急功近利，致力于学术积累和文化沉淀，鼓励师生参与学校事务，尊重不同意见和观点。大学通过校园文化活动、环境布置等，营造积极向上、富有特色的校园文化氛围；

通过教育和实践活动，引导师生树立正确的价值观，促进个人全面发展。大学精神文化往往与学校的历史紧密相关，一所大学的传统和历史是其精神文化的重要组成部分，而校长作为大学精神的传承者和实践者，对大学文化建设具有重要影响。大学组织文化中的精神文化鼓励开放交流，包容多样性，促进不同学科、不同文化背景的师生相互学习，是大学核心竞争力的重要组成部分，对提升大学教育质量、培养创新人才和推动社会服务等方面发挥着关键作用。

（2）制度文化。大学组织文化中的制度文化是指在大学创建、办学和发展过程中形成的规章、准则、规则、程序和机制的总和，规范大学组织行为，保障其正常运作，有助于大学文化建设。制度文化是大学文化建设的根本，体现大学精神和理念，同时通过制度执行塑造大学内部人员的价值追求和行为观念。以大学章程制定为依托，将大学理念融入章程，制定相应内部制度，完善大学内部治理结构①，包括党委领导、校长负责、教授治学及民主管理等方面。改革、修正和调整现有制度，解决行政权力和学术权力混淆等问题，适应“互联网+”高等教育等新的教育形态，克服重物质轻精神、重短期效益轻长远利益的倾向，避免制度文化虚空化和口号化。继承和发扬大学内部治理的优秀传统和经典制度，对现有制度进行修正和调整，创新制度以适应教育技术发展和社会变革。制度文化是校园文化建设重要组成部分，通过物质文化、制度文化和精神文化的有机结合，共同塑造独特的校园文化氛围，提升大学软实力，促进大学内涵式发展，实现高等教育强国目标。制度文化通过规范师生行为，引导形成与大学精神相一致的价值观和行为习惯。大学组织文化中的制度文化建设是一个系统工程，需要大学领导、师生员工和社会各界共同努力，实现大学文化繁荣发展。

（3）行为文化。大学组织文化中的行为文化是指大学师生员工在长期的教育、研究和生活中形成的稳定的行为模式和行为习惯，反映了一所大学的办学理念、精神追求和价值取向。大学行为文化包括一系列行为规范和准则，能指导师生员工日常行为，体现大学的内在精

---

① 郭平，黄正夫．大学内部治理结构的功能及其实现路径［J］．教育研究，2013，34(7)：68-73.

神和外在形象。行为文化深受大学惯有的教学方法、学术方向和师生互动风格等方面的影响，崇尚学术自由，鼓励师生在研究和讨论中自由表达观点，促进知识创新和学术繁荣。大学行为文化倡导团队合作精神，鼓励师生在教学、研究和项目中相互协作，包容不同文化和观点，共同解决问题，体现对多样性的尊重和包容。大学行为文化强调个人和集体的道德操守，包括诚实守信、公正无私等道德规范，培养师生的社会责任感，鼓励他们积极参与社会服务和公共事务，为社会的发展做出贡献。大学行为文化倡导创新精神，鼓励终身学习的理念，教师和学生需不断追求知识和个人发展，鼓励师生在学术研究和实践中不断探索新知识、新技术和新方法，支持自主管理，鼓励师生参与学校管理和决策过程，提高管理的透明度和民主性。大学行为文化应在传承中创新，在创新中传承，不断适应时代发展需求，形成具有时代特色的文化特质，是大学精神和价值观的具体体现，对大学的社会形象和教育质量有着重要影响。因此，培养和弘扬积极健康行为文化对于大学发展至关重要。

（4）物质文化。大学组织文化中的物质文化是大学在发展进程中所形成的、以物质形态呈现的文化要素。大学组织为大学的教学、研究与生活提供必需的物质基础，承载着丰富文化意义与价值观念。校园建筑的风格、布局以及历史建筑等反映大学的历史底蕴、文化传统与审美追求。先进的实验室和研究中心展示大学在科学研究与技术创新方面的投入和成就。教室和讲堂的设施、布局及其技术装备水平，反映大学对教学活动的重视以及对教学环境的优化。体育场馆、健身房等设施体现大学对学生身心健康的重视。校园的绿化、雕塑、喷泉、历史纪念碑等景观设计，营造优美校园环境，提升校园文化氛围。学生住宿和餐饮服务的质量，反映大学对学生生活品质的关注和保障。校园网络、多媒体教学设施等信息化建设体现大学在教育现代化和信息化教学方面的努力。校园内的交通规划、安全监控系统等确保校园的秩序和安全。大学在建筑和设施建设中融入绿色环保和可持续发展的理念，体现对环境保护的承诺。大学物质文化是大学精神和价值观的外在表现，通过物质环境和设施影响着师生的行为和心态，对大学的整体氛围和教育质量有着直接或间接的影响。因此，大学在发展过程中应注重物质文化建设，营造学术研究、知识传播和个性发展的环境。

### 二、大学组织文化的功能

大学组织文化的功能有以下几个方面。

（1）导向功能：大学组织文化能够为组织成员提供共同的价值观和目标，引导他们的行为和决策。通过明确的文化理念和价值观念，它能引导师生员工朝着共同的方向努力，促进学校的发展和进步。

（2）凝聚功能：大学组织文化能够增强组织成员之间的凝聚力和归属感。通过共同的文化认同和价值观念，它能营造出一种和谐、融洽的组织氛围，促进师生员工之间的交流和合作，增强组织的凝聚力和向心力。

（3）激励功能：大学组织文化能够激发组织成员的积极性和创造力。它能营造出一种积极向上、充满活力的组织氛围，激发师生员工的工作热情和创新精神，促进组织的发展和进步。

（4）约束功能：大学组织文化能够对组织成员的行为和决策产生约束作用。它能规范师生员工的行为和决策，促进组织的规范化和制度化建设，提高组织的管理水平和工作效率。

（5）辐射功能：大学组织文化能够对社会产生辐射和影响作用。通过大学的文化传承和创新，它能为社会提供优秀的文化产品和服务，促进社会的文化繁荣和发展。

大学组织文化是大学的灵魂和精神支柱，对于大学发展和人才培养具有重要意义。因此，大学需要高度重视组织文化建设，不断丰富和完善大学组织文化内涵和功能，为大学发展和人才培养提供有力的支持和保障。

## 第四节　大学内部组织治理中文化建设现状与培育

### 一、文化建设现状

#### （一）文化建设意识逐渐增强

在大学内部组织治理中，文化建设意识越来越强，越来越多的大学开始重视文化治理，将其作为提升大学治理能力的重要途径。文化治理强调将文化元素融入大学治理包括制度建设、决策过程和行为规范等各个方面，而大学精神文化作为大学文化的核心，被越来越多的大学所重视，通过弘扬校训、校风、教风和学风等培育先进治理理念，增强师生使命感和责任感。建立健全的规章制度来规范组织行为，加强制度文化建设，保障大学治理的科学性和有效性。教育和实践活动有助于培养师生的行为习惯，形成良好的校园文化氛围。大学加大对校园建设的投入，提升校园物质文化水平，营造有利于学术研究和人才培养的环境，在继承和发扬传统文化的基础上，注重文化创新和发展，形成具有时代特征和学校特色的文化成果。文化建设意识增强，师生对大学文化认同感不断增强，有助于提升大学内部凝聚力和向心力，通过举办各类文化活动，如学术讲座、艺术展览、文化节等，丰富校园文化生活，提升师生的文化素养。大学开始在文化建设中注重国际化，通过国际交流和合作，拓宽师生的国际视野，促进文化的交流与融合。国内大学将文化建设纳入学校整体发展规划，作为提升学校综合实力和竞争力的重要方面。文化建设意识要求大学内部治理更加注重文化的力量，通过文化建设推动大学治理体系和治理能力现代化，实现大学长远发展。

### （二）文化建设内容不断丰富

大学文化建设内容的丰富性体现在多个方面，如西安交通大学积极推动校园体育文化建设，通过体育类社团活动、体育赛事活动等培养学生的锻炼兴趣，增强学生体质和团队协作精神。清华大学等高校通过艺术教育发展报告，展示艺术教育在培养学生创新精神和实践能力方面的努力和成果。加强马克思主义理论、校史校情与中国共产党人的精神谱系等的研究，推进文化教育的深度和广度，改进文化素质教育课程体系，强化质量建设和体系建设，如清华大学开设传统文化必修课，增加传统文化内容。建立健全师德建设长效机制，引导教师以德立身、以德立学和以德施教，加强学术道德和行为规范教育，提高师生学术道德水平。支持校园文化艺术团体健康发展，鼓励引导学校举办文化艺术活动，如学生艺术团专场演出、各类文化艺术节等。广泛开展“好读书”活动，营造浓厚的读书文化氛围，如评选“水木书榜”、开展主题丰富的读书征文活动等。繁荣校园文化艺术创作，鼓励校园题材及原创性文学、音乐和美术等创作活动，提高文化艺术欣赏活动的水平与成效，引进高水平专业演出、展览展示项目等。注重文化传承与创新，弘扬中华优秀传统文化，发展先进文化。拓展国际视野，通过国际交流和合作丰富校园文化生活，提升国际影响力。改善校园环境，保护文化遗存，扩充文化设施，构建适应全球发展战略和多元文明互鉴的文化交流环境。积极开展文化服务，推进文明校园和网络文化建设，增强学校及国家的文化软实力，有助于提升大学的文化软实力，培养全面发展的人才，推动社会主义文化强国的建设。

**（三）文化建设形式多样化**

大学校园文化建设的多样化形式是高等教育内涵式发展的重要体现，旨在通过丰富多元的文化活动，提升学生的综合素质，营造积极向上的校园氛围。大学通过党校团校培训、时事政策教学、革命传统教育等多种形式的政治思想和道德品质教育，提高学生政治理论水平和道德修养；通过迎新生或送毕业生文艺晚会、校园歌手大赛和书画摄影比赛等活动，培养学生艺术素养和审美情趣；通过鼓励学生参与学术讲座、科技竞赛和创新实验等，激发学生科研兴趣和创新能力；通过体育课教学、各类体育竞技比赛和健美操学习班等提高学生体育素养和运动技能，组织学生参与社会服务、公益劳动和专业实习等培养学生社会责任感和实践能力；通过开展志愿服务，参加支教、社区服务和环境保护等活动弘扬奉献、友爱、互助及进步的志愿精神；通过文明教室、文明宿舍的评比，创建健康、高雅的校园文化；通过职业设计指导、素质拓展训练等提高学生综合素质和社会适应能力；通过围绕特定主题，如“青春献礼二十大，强国有我赴征程”，开展系列教育活动，引导学生树立正确价值观；通过利用传统节日、重要纪念日等开展主题教育；通过支持学生社团发展，举办各类社团文化节、社团风采大赛等，展现学生的个性和特长；通过国际文化节、留学交流、国际合作项目等，拓宽学生的国际视野，促进文化交流；通过利用校园网站、社交媒体等网络平台，开展网络文化活动，如网络文学创作、在线知识竞赛等；通过校园环境美化、文化景观设计等，营造优美的校园环境，提升校园文化品位。大学通过这些多样化的文化建设，可为学生提供一个全面发展的平台，促进学生在知识、能力和情感等方面的成长，为校园文化的繁荣发展注入新的活力。

**（四）文化建设效果逐渐提高**

大学文化建设效果的提升是一个系统工程，需从多维度予以改进，确保文化建设与大学整体发展战略及目标相契合，明确长远目标与阶段性目标。当下，我国大学文化建设的提升在精神、制度、行为及环境文化等多方面均有体现，众多高校着力凝练并弘扬校园精神，通过各类文化活动与师德教育强化师生使命感、责任感与荣誉感，将大学治理文化作为核心要素，通过思想引领与价值塑造，增进大学成员的使命感与责任感。构建与完善规章制度以培育治理主体的管理能力，例如山东大学完善研究生学术文化活动管理体系，搭建起交流与融合的学术平台。校园文化活动设计更加注重贴近学生实际，激励学生参与，如淮南师范学院在“十四五”规划中强调，要加强师德师风、校风学风建设，持续强化校园环境的规划与美化工作。同济大学通过升级扩容文化场馆，提升环境育人的实效。高校积极运用新媒体等网络媒介，如淮南师范学院在“十四五”规划中提出，要充分发挥网络等新型媒体在校园文化建设中的重要作用。重视文化管理，如华中农业大学提出加强文化管理，通过行政化手段对校园文化现象和问题进行治理。教育部和共青团中央发布《关于加强和改进高等学校校园文化建设的意见》，明确了校园文化建设总体要求，倡导大力加强高等学校校园文化环境建设。我国大学文化建设正朝着更为系统化、多样化及深入化的方向发展，需要持续探索与完善，服务人才培养及大学整体发展。

## 二、治理现代化视域下大学组织文化的塑造与培育

### （一）培育创新文化与产学研合作文化

在治理现代化视域下，大学组织文化的培育、创新以及产学研合作文化是推动高等教育内涵式发展的关键因素。依据《“十四五”文化发展规划》等政策文件，大学应积极响应国家文化发展要求，并结合自身实际，推动文化建设与国家文化发展同步提升，鼓励创新思维和探索精神，为师生与产业界的合作提供跨学科研究平台，促进新思想和新技术产生，将研究成果转化为实际应用，为学生提供实践机会，加强教育与产业的联系。设立项目发展部门，专门负责推动产学研一体化工作，如北京大学文化产业研究院培养懂得科技创新规律、具备科创服务资源的高素质人才队伍，帮助校企双方更高效、更深度地进行对接。探索与企业共同培育人才模式，如“赋权＋转让＋约定收益”的模式，提升企业研发能力，提高科技成果转化时效和效率，为学生提供实践机会。根据国家战略需求和市场变化，调整和升级学科专业，

加强交叉学科建设，不断优化内部治理结构，提高治理效率，培养高水平教师队伍和高质量研究团队，为学生提供优质教育资源，积极服务于国家重大战略需求，优化大学内部组织资源配置，提高对国家发展贡献度。加强国际交流和合作，提升大学国际影响力，促进文化互鉴。通过以上措施，大学可培育创新文化，加强与产业界合作，提升教育质量和科研水平，为国家发展做出更大的贡献，提升大学文化软实力，推动中国文化走向世界。

### （二）融入数字化文化元素

在治理现代化视域下，大学组织文化的塑造与培育正逐步融入数字化文化元素，增强大学文化传播力和影响力，为大学教育和研究提供新平台和工具。利用数字技术打造智慧校园，运用新媒体等网络媒介改造和提升传统文化教育和研究方式，建立包括传统文化文献、音乐、艺术和文化遗产等在内的数字化文化资源库，使学生深入了解传统文化内涵和价值，打造健康、和谐、团结、友爱的校园环境。响应国家文化数字化战略，推动社会主义文化强国建设，通过在线教育和社交媒体平台提供传统文化课程，使学生根据兴趣和时间表自由选择课程，学习并推广道德观念和价值观，促进高校学生之间的互动交流。探索文化与科技深度融合的有效机制，运用数智化技术开发数字影像、动漫游戏和网络文学等数字文化产品以提供沉浸式体验，使学生身临其境地体验传统文化，丰富文化内容创意数量和形式，形成更多新文化产业增长点。在数字文化产业内容建设中，注重文化自觉，追求创造具有时代精神的文化产品，依托政策文件，如《“十四五”文化发展规划》为数字文化产业发展提供方向和支持，鼓励文化与科技领域之间有效沟通和合作，促进双方深度融合与互利共赢。通过这些措施，大学可以更好地培育具有现代数字化特征的组织文化，提升教育质量和科研水平，为国家文化创新和科技发展做出贡献，进而提升大学文化软实力，推动中国文化走向世界。

### （三）契合科技革命和产业变革的文化导向

在治理现代化视域下，大学组织融入科技革命和产业变革的文化塑造与培育是高等教育机构适应时代发展的关键。强调文化与科技深度融合，探索有效机制，推动教育和研究的数字化转型，利用数字技术改进教学方法、科研模式和管理流程，促进新型文化业态发展。建立以创新为核心的文化，构建支持终身学习的体系，加强与行业、企业及其他教育机构的合作，形成开放的学术和研究环境，促进知识共享和技术转移，鼓励师生参与科技和产业变革，适应快速变化的科技和产业需求，为学生和教职工提供继续教育和培训机会，培育创新思维和能力。在全球化背景下，增强文化自信，推动产学研深度融合，培养具有国际视野的人才，加强国际交流与合作和理论与实践相结合，传承和发展中华优秀传统文化，促进文化科研成果的转化应用，提升大学的全球竞争力，形成具有中国特色的大学文化。打造有利于创新和学习的环境，包括物理空间和网络空间，提供必要的资源和工具支持教学和研究，强化大学服务社会功能，通过科技成果转化和社会服务活动，解决实际问题，促进社会进步，确保文化建设与科技革命和产业变革同步。通过这些措施，大学可适应科技革命和产业变革带来的挑战，培养符合时代需求的高素质人才，推动文化与科技深度融合，实现高等教育现代化。

## 第五节　文化建设的实践路径与案例分享

### 一、文化建设的实践路径

#### （一）树立正确的文化观

在大学组织文化建设中，树立正确的文化观是实现治理现代化的关键一环。以社会主义核心价值观为引领，将其融入大学文化建设的各个方面，通过道德教育培养学生的社会责任感和道德素养，提升师生道德水平，确保文化建设朝着正确方向前进。利用现代信息技术手段，深入挖掘中华优秀传统文化的内涵，与现代教育相结合，创新文化传播和教育方式，鼓励科技与文化教育的深度融合，培养学生的文化自信。举办学术讲座、艺术展览、文化节等各类文化活动，丰富师生的精神文化生活，师生通过活动相互了解、认知，提升教师师德水平，通过教师言传身教，对学生进行正面引导和影响，学生积极参与文明校园建设，营造积极向上、和谐文明的校园环境，回报社会与国家对其教育与培养。在传承中创新，在创新中传承，通过国际交流和合作，拓宽师生的国际视野，促进不同文化的交流与融合，形成具有时代特征和学校特色的文化成果。利用数字化工具和平台，科学评估不同大学的文化理念，定期对文化建设效果进行评估和反馈，不断优化文化建设策略，推广和传播其中优秀大学建校文化，激发学生的主体性，鼓励学生参与高校内部组织文化建设各个方面，提高学生的文化参与度和创造力，借用不同网络平台提高文化传播的效率和影响力。通过这些实践路径，大学可以构建一种具有正确文化理念的组织文化，为实现治理现代化提供坚实的文化支撑。

### （二）营造良好的文化氛围

营造良好的文化氛围是大学文化建设的核心内容之一，有助于提升校园文化软实力、培养高素质人才及推动大学内涵式发展。营造良好文化氛围需发挥思政课的主渠道作用，凸显马克思主义的指导地位，将社会主义核心价值观的宣传教育嵌入其中。在思政课中，坚持马克思主义的基本原理，引导学生树立正确世界观、人生观和价值观。将社会主义核心价值观宣传教育嵌入思政课中，让学生深刻理解社会主义核心价值观的内涵和意义，培养学生爱国主义、集体主义和社会主义精神。教师是思政课的组织者和实施者，其教学水平和教学方法直接影响思政课教学效果。因此，教师需要将思政元素融入教材与课堂，深入研究教材内容，精心设计教学方案，采用多样化的教学方法，激发学生的学习兴趣，调动其积极性。教师应注重自身思想政治素质和道德修养，以身作则，为学生树立良好榜样。除了课堂教学，学校需要开展实践教育，让学生在实践中锻炼自己，提高思想道德素质和实践能力。思想道德实践活动让学生在实践中感受道德的力量，培养学生道德责任感和社会责任感。志愿服务活动让学生在服务他人过程中，提高社会交往能力和团队合作能力，培养爱心和奉献精神。此外，实践教育与大学文化建设相结合，让学生在大学文化熏陶中，提高道德素质和文化素养。

### （三）坚持守正创新

秉持守正创新理念，强化文化传播与展示。充分发挥校园媒体平台的效能，始终坚守正面宣传导向。校园媒体平台作为学校内部信息传播的重要渠道，具有广泛的覆盖面和强大的影响力。大学应充分利用这一优势，积极传播正能量，弘扬主旋律，通过精心策划和制作优质的新闻报道、专题节目来展现学校发展成就、师生风采以及校园文化魅力。加强对校园媒体平台的管理和监督，确保信息的真实性、准确性和权威性。人文素质课程是促进学生全面发展的重要组成部分，大学应积极开设人文素质课程，鼓励师生投身社会服务，拓宽学生知识面，提升学生的人文素养和社会责任感。学校应根据自身特点和需求，合理设置人文素质课程体系，涵盖文学、历史、哲学、艺术等多个领域；鼓励师生积极参与社会实践活动，将所学知识运用到实际中，为社会做出贡献。课程思政是将思想政治教育融入各类课程教学的一种教育理念和方法，构建课程思政育人体系，激发学生爱国情怀和民族自豪感。学校通过构建课程思政育人体系，实现全员育人、全过程育人及全方位育人的目标，深入挖掘各类课程中的思想政治教育元素，将其有机融入教学内容，加强教师思想政治教育能力培养，提高教师在教学中的思想政治教育水平。

**（四）加强文化交流**

大学作为知识和文化的传承者，肩负着文化交流与融合的重要使命。加强文化交流可以丰富校园文化内涵，提升师生综合素质，为大学的国际发展提供有力支持。鼓励师生交流与合作，设立专项基金，支持师生开展国际合作研究项目和学术交流活动，建立师生交流平台，促进不同学科和文化背景师生之间互动与合作。定期举办国际学术会议和研讨会，设立客座教授和访问学者制度，邀请国内外知名学者参加，分享研究成果，探讨学术前沿问题，吸引全球优秀学者来校讲学和开展合作研究。开展外语培训和语言实践活动，优化外语课程设置，提高学生的外语水平，满足国际交流需要。与海外高校和研究机构建立合作关系，共同开展科研项目、人才培养等合作。加强多元文化教育，培养学生的文化敏感度和包容意识。建立文化交流机制，促进不同文化之间的对话与理解。制定优惠政策，吸引国际优秀人才来校任教和从事科研工作。建立国际化的人才培养体系，为引进的国际优秀人才提供良好的发展环境和支持。通过上述措施，大学能加强文化交流，促进文化多样性，提升国际影响力，为构建人类命运共同体做出贡献。不断创新文化交流的形式和内容，提高文化交流质量和效益，为培养具有国际视野和跨文化交际能力的高素质人才提供有力支持。

## 二、文化建设的案例分享

北京大学是中国最著名的高等学府之一，其内部治理的文化建设具有以下特点：发扬“爱国、进步、民主、科学”的光荣传统，体现北京大学的精神内涵和价值追求；加强制度建设，建立完善的内部管理制度和运行机制，保障学校的正常运转和发展；营造良好的文化氛围，注重文化传承、创新和发展，形成独特的校园文化和学术氛围；加强文化教育，开设丰富多样的文化课程和活动，提高学生的综合素质；加强文化交流，积极开展国际合作与交流，推动文化的互动、融合和创新。

北京大学作为中国顶尖的高等学府，其内部治理的文化建设体现了深厚的历史底蕴和现代教育理念。北京大学“爱国、进步、民主、科学”的传统不仅是对学校历史的传承，也是对未来发展的要求，激励着师生不断追求卓越。北京大学通过建立和完善内部管理制度来提升治理水平，并加强民主监督，旨在保障学校运作的规范和效率。北京大学注重营造开放包容的校园文化氛围，鼓励自由探索和创新思维，为师生提供丰富的学习和研究环境，通过开设文化课程、组织文化活动、建立文化社团等，提升学生的文化素养，培养学生的国际视野和人文关怀。北京大学还积极开展国际交流与合作，通过学生交换、联合研究、国际会议等方式，促进了文化的全球互动和学术交流。北京大学坚持学术自由的原则，鼓励师生在学术研究中大胆探索，推动知识的创新和学术的发展。强调大学对社会发展的责任，鼓励师生参与社会服务，培养具有国际竞争力的高素质人才，注重学生全面发展，包括专业能力、创新精神和领导力。北京大学在继承中国传统文化的同时，注重文化的创新发展，推动传统文化与现代科技的结合。如积极推进数字化校园建设，利用信息技术提高教育质量和管理效率；注重校园环境的建设，打造优美的校园景观，为师生提供良好的学习和生活环境。通过各种文化活动和学术成果的展示，北京大学不断提升自身品牌形象，提升学校的国际知名度和影响力。北京大学的文化建设是其教育事业成功的重要组成部分，对提升学校整体实力和国际竞争力发挥着关键作用。

# 第七章　大学内部组织治理的学术治理与制度建设

## 第一节　学术治理的内涵与现状

### 一、学术治理内涵

学术治理的内涵涉及高等教育机构内部学术事务的管理和决策过程，重要性在于确保学术质量，促进学术自由、创新和卓越，核心包括对学术研究、教学活动、学术评价和学术道德等方面的规范与管理，强调多元利益主体参与学术事务的积极性和方式，涉及治理制度设计、权责划分及利益分配等。

#### （一）保证学术质量

确保学术质量是高等教育机构的核心要务之一，关乎学术研究的可靠性、教育质量以及毕业生的能力，需明晰学术标准与要求，以确保研究、教学和学位论文等所有学术活动都能达到既定的质量水准。保证学术质量的举措主要有：通过教育与培训，增进学生和教师对学术诚信的认知，防范如抄袭、剽窃以及伪造数据等学术不端行为；建立有效的内部与外部质量监控体系，包括定期的学术评审、课程评估以及学位论文抽检等；激励教师参与诸如学术会议、研讨会以及研究项目等专业发展活动，以维系其教学与研究的前沿性；合理配置资金、设施以及人力资源等学术资源以支撑高质量的学术活动；营造鼓励创新和学术自由的环境，使教师和学生能够自由地探索新思想和方法；建立完备的学术治理结构，确保学术决策过程的透明性与公正性；鼓励学生、教师以及其他利益相关者提供反馈，以持续改进学术活动和课程设置；通过国际合作项目和学术交流，提升学术研究的国际视野和质量。此外，依据《中华人民共和国学位法》，细化有关学位授权和管理的规定，明确学位授予的条件和程序。导师应是研究生培养的首要责任人，应严格把控学位论文的研究工作、写作发表、学术水平以及学术规范性。强化对学术期刊的管理与监督，提升审稿质量，防止低质量研究的发表。经由这些举措，高等教育机构方可确保学术活动的质量与诚信，培育出具备能力和创新精神的毕业生，为社会和经济发展贡献力量。

**（二）促进学术创新**

促进学术创新是高等教育和科研发展的关键驱动力，涉及多方面措施和政策支持。通过关注数字化转型、创新生态系统和数据驱动的创新服务等议题，高校应将创新融入科研活动之中，与教学紧密结合，培养学生的科学意识、好奇心和求知欲，锻炼实践能力和创新精神。政府和高校应优化科研管理环境，鼓励科技工作者参与大学生研讨会的学术交流，减少不必要的高校行政干预，扩大学生组织机构自主权，营造有利于创新的学术氛围，通过研讨和交流激发学生创新思维，搭建国际合作平台，促进知识全球流动和合作。推动学术期刊的数字化转型和融合发展，提升期刊论文质量，提升学术期刊的国际传播能力，重视青年人才的培养，提供支持和奖励，鼓励青年科学家参与重点项目，促进科研团队的协作创新。高校学术社团应发挥自律功能，组织学术活动，监督学术诚信，举荐人才并为科技发展规划提供支撑，加强教育科学研究，推动理论与实践相结合，促进教育创新和知识发展。严格学术期刊出版资质，加强质量检查，打击违规行为，规范出版秩序，保证学术研究的严谨性和质量。通过以上措施，学校可为学术创新提供坚实基础，激发科技工作者的创新活力，推动科学技术持续进步和社会全面发展。

**（三）提高学术效率**

在大学环境中提升学术效率是一项多维度的任务，涵盖诸多方面。第一，一个好课题应具备明确的研究目标和问题意识，与当前学术热点及社会需求相契合。在选题过程中，学者和学生需深入了解相关领域的研究现状与发展趋势，避免重复研究和低水平研究。第二，科技不断进步，各种研究新方法和新技术层出不穷。学者和学生应积极学习并掌握如大数据分析和人工智能等新方法和技术，以提升研究的效率和水平。合理分配时间是提高学术效率的关键。学者和学生通常面临多种任务和多重压力，如教学、科研、社交等，需要学会合理安排时间，制定科学的工作计划和时间表，确保各项任务都能完成。学者和学生可借助各种工具来提高学术效率，如文献管理软件、数据分析软件、写作工具等。帮助他们更快速、更准确地完成各项任务，提高工作效率和质量。实验记录和数据是宝贵的资源，帮助学者和学生理解研究过程和结果，为后续研究提供参考和借鉴，需养成良好的实验记录和数据备份习惯，确保数据的完整性和准确性。提高学术写作效率是学术研究的重要环节，学者和学生需撰写各类学术论文和报告，如毕业论文、科研论文、学术报告等。掌握科学的写作方法和技巧，如选题、构思、组织语言等，以提高写作效率和质量。第三，学术环境直接影响学者和学生的学术效率和质量，学校和相关部门应加强学术环境的建设和优化，营造良好的学术氛围和文化，为学者和学生提供更好的学术支持和服务。应强化学术自治，完善学术评价体系建设，构建科学规范的学术评价机制，为学者和学生提供学术发展机会和平台。

**（四）增强学术声誉**①

增强学术声誉是一个多维度的过程，涉及学科建设、学术交流、科研成果、教育质量等多个方面。学科建设是提升学术声誉的基础。学校通过强化学科特色和优势，提高教学质量和科研水平，可增强学科在学术界的竞争力和影响力，参与国内外的学术会议、研讨会和国际合作项目，展示研究成果，分享临床经验，可以扩大学术影响力并提高学术声誉。加强科研创新，鼓励原创性研究，注重研究质量管理，确保研究的严谨性和可靠性。资深专家的指导对于年轻学者的成长至关重要，学术导师传授知识，教会年轻学者如何进行学术研究和交流。教育质量是学术声誉的重要组成部分。学校通过提高教学水平，培养优秀学生，可增强学术声誉，构建开放、合作、竞争的学术环境，鼓励学术自由和创新思维，有助于吸引优秀学者和提升学术声誉。建立科学规范的学术声誉评估方法，明确评估指标和权重，确保评估的公正性和透明性，整合相关数据资源，加强与大型学术出版机构和数据处理公司的合作，提高学术声誉评估的效率和准确性，增加调查样本量，提高问卷调查的回收率，确保调查结果的代表性和可信度。学术声誉的建立不是一蹴而就的，需要长期的努力和积累。学校通过持续的学术贡献和教育贡献，逐步提升学术声誉，从而可增强学科的国际

---

① 姜晓晖，汪卫平．高校教师学术声誉研究：一种探索性激励机制设计［J］．中国高教研究，2021（4）：42-47.

竞争力和影响力。

## 二、大学学术治理的现状

### （一）学术权力与行政权力①的关系

学术权力与行政权力在大学治理中扮演着不同但互补的角色。学术权力通常与学术自由、专业自治紧密相关，而行政权力则与大学的日常管理、决策和执行相关。两者之间的关系是大学治理的关键。首先，学术权力是大学学术活动的核心，基于学者的专业背景和学术水平，强调学术自由和学术判断的重要性。主体是学术人员和组织，如学术委员会和教授会，在学术事务中发挥着教学、研究、课程设置和学位授予等关键作用。行政权力与组织和管理相关，通常与职位相联系，具有制度化的特点。主体是行政机构和人员，负责实现组织目标，依照规章对大学自身的资源分配、人事任命和日常运营进行管理。

现实中大学普遍存在学术权力弱化、行政权力泛化等权力失衡现象，严重阻碍现代大学的正常发展。为实现大学治理有效性，需采取一定措施使这两种权力相互制衡，达到分工明确、实现提高行政效率和保障学术自由的目的。教育部发布的《高等学校学术委员会规程》强调学术委员会作为校内最高学术机构角色，促进学术权力与行政权力相对分离与配合，在高校内部实现教授治学，形成鼓励教师专注学术、发展学术的评价机制，提供制度保障。在实际操作中，大学需明确两种权力的界限，建立分工明确的权力结构模式。同时需树立学术人员权力意识和行政人员服务意识，确保学术活动能够健康、顺利地进行。此外，加强学术治理制度建设，完善学术评价和学术发展制度，营造一个鼓励创新、宽容失败的学术环境，充分发挥学术委员会在学风建设方面的作用，支持和保障学术委员会依法履行职责，调查、认定学术不端行为。

### （二）学术委员会②的作用

学术委员会在现代大学治理结构中扮演着至关重要的角色，是校内最高学术机构，负责统筹行使学术事务的决策、审议、评定和咨询

① 李福华．学术权力行政权力视野中我国大学校长的任职经历分析［J］．清华大学教育研究，2023，44（1）：55-64．

② 余利川，刘怡．大学学术治理制度建设有效性诊断与优化：聚焦“双一流”高校学术委员会章程的历时性修订［J］．复旦教育论坛，2023，21（1）：28-35．

等职权，致力于维护学术自由与平等，鼓励学术创新，促进学术发展和人才培养，提高学术质量。参与审议学校宏观学术政策、学术标准、学术奖励制度等，对院系设立、调整等重要事项提供咨询意见。负责制定学术道德规范，调查学术不端行为，并提出处理意见，裁决学术纠纷，建立和运行有助于实现教授治学，确保教师在学术事务中充分发挥主体作用。学校实行校院两级学术管理制度，院系学术委员会负责本单位学术事务的议事与决策，并接受校学术委员会的工作指导和监督。下设若干专门委员会，负责专项学术事务的议事与决策，如学位评定、教学、科学技术等。建立年度报告制度，对学校整体的学术水平、学科发展和人才培养质量等进行全面评价，并提出意见、建议。在学校治理中具有独立性，其职权和运行机制受到学校的尊重和保障，确保学术判断的独立和公正。学术委员会在推动学术创新、提升学术水平、维护学术道德和规范等方面发挥着核心作用，是现代大学治理不可或缺的一部分。

**（三）学术评价制度①**

当前学术评价制度面临着重要的转型与改革。过去一段时间，学术评价体系中存在“唯论文、唯帽子、唯职称、唯学历、唯奖项”的“五唯”现象，制约科研创新和学术发展。为解决这一问题，教育部和科技部印发《关于规范高等学校 SCI 论文相关指标使用，树立正确评价导向的若干意见》，提出要破除“SCI 至上”的观念，推动学术评价体系的改革，鼓励定性与定量相结合的综合评价方式。清华大学作为改革的先行者，发布《关于完善学术评价制度的若干意见》，明确提出教书育人是教师的首要职责，并将此纳入教师学术评价体系。《意见》强调克服“五唯”倾向，建立重师德师风、重真才实学、重质量贡献的评价导向。此外，北京工业大学学术委员会积极进行实践探索，建立注重标志性成果质量水平和对本岗位工作提升的贡献度的评价指标体系。在国家标准层面，《人文社会科学期刊评价》和《人文社会科学智库评价指标体系》两项国家标准的发布，为学术评价提供标准化、科学化的指引。这些改革和标准的制定，旨在推动学术评价体系向更

① 李广海．理性的平衡：高校学术评价制度变革的逻辑及操作指向［J］．教育研究，2017，38（8）：85-90.

加公正、合理和科学的方向发展，以促进学术研究的质量和创新。同时，学术评价体系改革关注到分类评价的重要性，即根据不同学科、不同领域特色和需求，制定相应评价标准，以实现精准评价。这一改革方向体现对学术多样性和学科特点的尊重，有助于激发学者的创新潜力和学术活力。学术评价制度现状是一个不断演进和完善的过程，旨在通过改革和创新，建立一个更加科学、合理和公正的学术评价体系，以促进学术研究健康发展和创新能力提升。

**（四）学术氛围**

当前很多高校重视学术学风建设，强调学术活动的丰富性和学术诚信。如清华大学在学术学风建设方面开展一系列活动，包括学术学风主题宣讲、学术人生讲座和学术新秀分享会等活动吸引大量学生参与，有效提升学生学术规范意识，营造积极的学术氛围。上海交通大学在学风建设工作报告中强调严谨求真、注重诚信和探索创新的学术风气，通过加强宣讲教育、注重师生思想引领以及举办科技伦理培训等活动促进学术氛围健康发展。此外，学术活动的丰富性在提升学术氛围方面发挥了重要作用。例如山西大学举办多场高水平学术论坛和研讨会，包括新年论坛、黄河流域生态保护与高质量发展论坛、长城论坛等，活跃学术氛围，推动学术发展。学术诚信是学术氛围中不可或缺的一部分，高校通过各种教育和宣传活动，提高师生对学术诚信的认识，防止学术不端行为发生，维护学术领域健康发展。当前的学术氛围在高校的积极推动和师生的广泛参与下，呈现出积极向上、追求创新、注重诚信的特点。通过举办各种学术活动和加强学术诚信教育，高校正在努力营造一个更加健康、积极的学术环境。

## 第二节　构建完善的学术治理结构机制与价值意蕴

### 一、学术治理结构机制

**（一）学术权力与行政权力**

要避免学术权力和行政权力之间的冲突，关键在于建立和完善两者之间的协调机制，清晰界定两者的作用范围，确保两者在各自的领域内独立运行，减少不必要的干预和冲突。依据《高等学校学术委员会规程》，学术委员会作为校内最高学术机构，统筹行使学术事务的决策、审议、评定和咨询等职权。通过教职工代表大会等形式，教师和研究人员能参与学校的管理和决策，提高决策的民主性和科学性。在高校内部，实现学术权力和行政权力的平衡，避免任何一方的权力过度集中，促进两者相互配合和协调发展。建立和完善相关规章制度，为学术委员会的组织建设、职权明确和运行机制等提供法律和制度保障。确保学术评价、职称评审和学术成果认定等过程的透明度和公正性，防止权力滥用。创造一个鼓励学术探索和创新的环境，尊重学者的专业判断和学术追求。建立健全监督机制，对学术不端行为和行政权力滥用进行及时纠正和问责。促进学术人员和行政管理人员之间持续沟通，通过对话解决分歧，增进理解。认识到学术权力和行政权力与高校发展绩效的相关性，根据实证分析结果调整和优化两者的关系。上述措施可以在保障学术自由和独立性的同时，维护高校管理的效率和秩序，实现学术权力和行政权力的和谐共处。

### （二）学术委员会的角色与功能

完善学术委员会的功能，特别是在因材施教的教育理念下，学术委员会应积极参与学校宏观学术政策的制定，对学科专业建设、教学计划和科研方案等进行审议和决策，以促进教育的个性化和多样化发展。确保学术委员会由具有广泛学科代表性的教授组成，包含一定比例的青年教师，以保证学术委员会的决策充分考虑不同学科和不同年龄层次教师的意见。针对学科建设、教师聘任、教学指导、科学研究和学术道德等不同领域设立专门委员会，以提升学术委员会在特定领域的专业性和效率，理顺学术权力与行政权力的关系，避免两者交叉重叠，确保学术委员会能够独立行使职权，同时获得必要的行政支持，明确会议制度、决策机制及年度报告制度等，保障学术委员会的独立性和公正性，提高其在学术事务中的透明度和公信力。通过民主推荐和选举等程序产生的学术委员会委员，能够真实反映基层学术组织和广大教师的意见。鼓励学术创新，规范学术行为，通过学术委员会的工作形成一个积极向上的学术环境，为教师和学生提供一个有利于个性发展和创新能力培养的空间。严肃查处学术不端行为，加强学术道德教育，引导师生树立良好的学术道德观念，维护学校学术声誉。在数字时代，利用大数据和人工智能技术收集和分析学生的学习行为数据，为学生提供个性化的学习路径和策略，实现真正意义上的因材施教。通过这些措施，学术委员会在维护学术标准和促进学术发展中发挥关键作用，支持教育的个性化，帮助每个学生根据自己的特点和需求获得最适合自己的教育。

### （三）学术评价体系的改革

学术评价体系的改革是高等教育领域深刻变革的重要组成部分，其核心目标是促进学术创新、提高教育质量，并培养适应新时代需求的人才。新时代的学术评价体系强调立德树人，注重分类评价、内涵评价和特色评价，摒弃以往单一的评价模式，推动学术评价体系的健康发展。要“破五唯”，即唯分数、唯升学、唯文凭、唯论文和唯帽子，改革取消单纯依赖论文数量、刊物等级等指标的评估办法，转而考查学术原创性、社会贡献和教育成效。根据不同学科、不同岗位特点，坚持分类评价，推行代表性成果评价，探索长周期评价，完善同行专家评议机制。鼓励教师以高质量学术成果服务经济社会发展，支持教师参与解决影响经济社会发展的重大问题并做出实质性贡献。加强学术共同体建设，提升学术共同体在学术评价活动中的地位和作用，尊重学术共同体的学术判断。坚持以能力、质量、贡献评价人才，强调学术水平和实际贡献，突出代表性成果在学术评价中的重要性。鼓励师生自由探索，同时坚守学术道德，对学术不端行为零容忍。利用大数据和人工智能等现代化辅助评价手段，提高评价的科学性和客观性。培育良好的学术评价文化，使高校自主追求卓越成为常态，并探索数字化赋能教育评价的新模式。建议高校厘清科研管理部门和人事管理部门的工作职责，采取目标评价或增值评价方式，考核学院年度科研目标达成度或增值度或标志性成果完成度。这些措施，有助于学术评价体系的改革，实现激发学术活力、净化学术风气、确立科研导向的目标，为建设科技强国、教育强国、文化强国提供坚实的基础。

## 二、大学内部组织治理中学术治理的价值意蕴

大学内部组织治理的生态建构方面，要以建设现代大学制度为理念，更加突出以学术为中心。具体来说，要从三个方面做起，分别是扩大学术组织自主治理范围、建立多中心治理[①]机制、完善民主管理组织建设。

① 郁俊莉，姚清晨. 多中心治理研究进展与理论启示：基于2002—2018年国内文献［J］. 重庆社会科学，2018（11）：36-46.

### （一）扩大学术组织自主治理范围

结合前述对面向治理现代化的大学内部组织治理环境分析，单中心治理模式不再适应新时代中国特色社会主义大学内部组织治理工作。事实上，以学术为中心的生态建构理念强调百花齐放，更适合运用多中心治理理论。根据多中心治理理论，实现我国大学内部组织治理生态建构的首要条件就是要扩大多元参与的治理主体范围。第一，建立健全多元参与的学术组织自主治理体系。学术组织参与主体的广泛性、代表性直接决定了其结构组成、行为理念、运行方式及作用结果。学术组织不单也不能成为握有管理大权的行政领导的“权贵地带”，教授、专家、学者以及普通教师、学生代表应成为学术权力的实际拥有者。像博罗尼亚大学在学校治理结构中增设学生行会组织，赋予学生代表参与学术事务的权力，以此强化民主参与及群体共治。第二，引入社会力量，建立互联互动、开放自由的学术组织治理机制。加强国内外高校间协同合作，强化校企、校社多元融合互动，引入社会中介、协会、团体等第三方参与高校治理效能评价与监督，使学术组织治理透明、科学、合理、高效。

### （二）建立多中心治理机制

在扩大多元参与的治理主体范围的基础上，根据以学术为中心的生态建构理念和多中心治理理论的要求，实现我国大学内部组织治理生态建构的关键落地条件就是要更加突出学术力量的中心地位，真正建立起“政治权力、行政权力、学术权力和民主权力”并举的多中心治理机制。多中心治理机制的关键就是实现权力的科学合理分配。我国大学内部治理结构中涉及的权力分配包括四种，分别是政治权力、行政权力、学术力量和民主权力。对于国家部委和地方政府设立的高等院校，大学党委是政治权力的行使者，这种权力有《中华人民共和国高等教育法》作为行使依据，在重要人事任命、重要项目决策和重大事项研究时始终坚持党的领导，坚持党委领导下的校长负责制。校长及其行政班子成员是行政权力的行使者，在党的领导下全面负责高等院校工作，既包括高校的科研教育，也包括具体的行政事务。学术委员会是学术力量的行使者，具体职权在于以集体决策的形式审核评议专家学者在学术方面取得的研究成果、发展成绩和评价结论，促进高校学术水平和治学能力的提升。教师职工代表大会和学生代表大会是民主权力的行使者，主要职权在于对事关自身利益的决策行为进行民主管理和民主监督。从而形成四种权力之间职责清晰、各司其职、相互依存、相互支持、规则明确、制度保障、监督有效的多中心治理机制。

**（三）完善民主管理组织建设**

大学内部组织治理的生态建构的另一关键要点就是坚持以学术为中心的生态建构理念，完善民主管理组织建设，包括积极完善教师职工代表对于大学内部组织治理工作的监督作用、积极保障学生群体对大学内部组织治理工作的监督作用、建立信息公开与定期披露制度等。

第一，积极完善教师职工代表对于大学内部组织治理工作的监督作用。职工代表大会是落实教师职工知情权、参与权、表达权、监督权的有力保障，是调动教师职工积极性、主动性、创造性的有效途径。要始终坚持走群众路线，切实加强制度建设，发挥好职代会民主管理的政治优势。各级党委要定期听取和研究职代会的工作汇报，支持和保障职代会依法履行各项职责，积极运用职代会加强和改进学校各项管理。教师职工代表大会每年至少召开一次会议，听取大学各项工作进展情况以及财务工作情况，审议重大事项，参与大学重大项目的招标和评估以及教师职工关心的热点问题，保障师生群体的参与权，维护好大学和教师职工的双重利益。要规范教师职工代表选举程序，切实把组织认可、群众满意的人员选举为代表。扎实做好职代会提案的征集、办理和反馈工作，做到件件有着落，事事有回音，充分发挥职代会在民主管理、民主监督中的重要作用。

第二，积极保障学生群体对大学内部组织治理工作的监督作用。要把先进性作为学生会工作的着力点，面对当前大学生普遍思想活跃、民主参与意识强、各类信息传播快等情况，学生会参与协调各种利益关系的任务更加繁重，要与时俱进，创新工作方法，充分体现学生会组织的先进性。

第三，建立信息公开与定期披露制度。敢于公开信息，敢于定期披露。依靠更加多元化的社会力量监督自己、完善自己，是大学内部组织治理工作成熟和完善的标志。在新时代治理现代化视域下，信息公开与定期披露的作用对于大学提高内部组织治理工作较以往任何历史时期都显得更为重要。建议除了涉及国家机密和大学发展的重要秘密内容，党务和校务信息都要及时对外公开。公开的渠道应该多元化，综合利用“互联网＋”时代的各种工具技术，可以通过大学官方网站进行发布，也可以通过大学官方微博公众号或微信公众号发布，还可以通过大学自主开发的 APP 发布。多措并举全面提升党务校务信息公开工作的科学化与规范化程度。

## 第三节　治理制度的重要性及问题

### 一、治理制度的重要性

#### （一）保障学校的正常运转和发展

大学内部治理制度在学校中举足轻重，能确保学校日常运作，为学校长远发展提供坚实基础。良好的治理制度通过明确组织结构和职责分配，确保学校管理层和教职工的权利和责任得到清晰界定，各领导层与教师各司其职，减少不必要的延误和混乱，保障学校程序按规按需完成。公正透明的治理制度有助于确保所有学生和教职工的权利和机会均等，防止任何形式的歧视和不公，增强学校与社会、家长和学生之间的信任，提高学校的社会形象。通过有效的治理制度，学校能识别和管理财务风险、法律风险和声誉风险等潜在风险，有助于合理分配和使用学校的资源，包括人力、物力和财力，确保资源得到最有效的利用。治理制度鼓励学校不断审视和改进其政策和程序，以适应教育环境的变化和提高教育质量，培养和选拔具有领导力的人才，引领学校走向更加繁荣的未来。面对教育改革、技术发展和社会变迁等挑战，提供应对策略和解决方案。最终，治理制度的目的是确保学校能够提供高质量的教育，满足学生的需求，培养他们成为有责任感和有能力的公民。治理制度的重要性体现在日常管理中，为学校的长期发展和适应不断变化的教育环境提供支持和保障。

#### （二）提高学校的管理效率和质量

治理制度为学校管理提供一套标准化流程，确保各项管理工作有序进行，减少职责不清和工作重叠的问题，提高学校管理效率。治理制度包含决策机制，使得决策过程更加科学、合理，减少决策失误。治理制度强化对管理层的监督，确保决策和执行过程的透明，提高问责力度。良好的治理制度有助于合理分配教育资源，如师资、设施和资金等，提高资源使用效率，帮助学校识别和管理风险，预防和减少对学校运营产生负面影响的事件，建立激励奖励机制，鼓励教职工提高工作积极性和创新能力，鼓励学校不断自我审视和改进，以适应教育发展的新趋势和需求。良好的治理制度可促进学校内部各层级之间沟通，确保信息流通顺畅，提升管理响应效能，增强工作透明度，增强外部利益相关者对学校的信任，为潜在领导者提供成长和发展的平台，有助于培养具备战略视野的领导人才，使学校能够灵活应对教育政策、技术发展和社会需求的变化。良好的治理制度是学校管理的基石，其实施有助于提升教育质量，确保学生能够接受到高质量教育，通过提高管理效率和质量，为学校稳定发展和教育目标的实现提供坚实的保障。

**（三）保障学校的稳定和安全**

通过建立和完善突发事件的应急处置预案，构建安全管理网格体系，严格执行安全信息报告制度，落实校园风险评估和预警机制以及完善安全工作督查机制，确保校园安全和稳定。大学应将法治理念贯穿于管理和教育全过程，构建完善大学内部治理结构，通过法治思维和方式推进高等教育的改革发展，正确处理领导权、决策权、执行权、监督权之间的关系，推进依法治校、科学决策，谋划高等教育的高质量发展，通过建立以学术委员会为核心的学术治理体系，优化学术委员会的组织体系和运行机制，构建科学、规范、多元的评价体系。加强教职工代表大会、工会、学生代表大会的建设，推进民主管理和科学决策，充分发挥理事会、校友会、基金会在决策咨询和资源筹措中的作用。高校应主动对接国家战略需求，完善战略发展系统，建立行业专家咨询系统，提升管理者的能力和水平，拓展国际合作交流，秉持开放共享、互利共赢的理念，构建国际高校协同合作联盟，共享优质资源，推动国际交流合作。大学通过制度激励不断提升治理水平，逐步探索并建立现代大学依法治理的制度体系。大学治理制度构建一个稳定、安全、高效的内部治理体系，保障学校的稳定和安全，为学校长远发展提供坚实的基础和保障。

**（四）促进学校的民主管理和科学决策**

教育民主确保各利益主体参与教育管理事务的权利，增强主人翁意识，提高参与决策的积极性，通过集体讨论和“头脑风暴”，提高教育管理事务决策的科学性和有效性，实现个人和组织双赢，形成独特而适宜的教育管理文化，影响教育组织成员。学校通过实施教职工代表大会和校务公开制度，使教职工代表大会成为校党委和校长全心全意依靠教职工办学的核心渠道。大学通过完善党委会及其常委会、校长办公会和书记校长联席会等制度建设，形成科学决策体制，使决策更加规范、民主、科学、高效。基层直接民主制度体系明确参与主体、渠道与形式，为基层群众的利益表达、纠纷解决提供更多机会，优化调整利益分配，维护群众利益，构建多层次、多样态、开放性决策模式，促进利益整合，增进发展共识，提升治理效能。大学通过营造更好的氛围，确保基层治理环境保持自由、宽松，为建设负责、共享的基层治理共同体提供坚实制度保障。在制度设计上落实学生与教师各方面权益，调动参与者的主动精神和创造能力。治理制度在学校中发挥着至关重要的作用，推动民主管理，促进科学决策的制定和执行，为学校稳定和发展提供坚实基础。

## 二、大学内部组织制度治理的问题

### （一）行政组织对学术权力僭越

行政组织对学术权力的僭越，是大学内部组织治理中各个利益相关者之间最为关键的博弈环节。根据我国大学内部组织治理制度的设计初衷，学术委员会应作为学术权力的行使者，对专家学者的学术研究成果、发展成绩和评价结论进行审核评议，并保持客观中立的地位。在现实中，大学的权力却牢牢掌握在行政机关手中，行政权力过于泛化，学术力量相对虚化，行政组织对学术权力的干涉过多，致使学术权力难以有效发挥作用。具体而言，学术权力本应是由学者和教授组成的学术委员会所拥有的影响力，但目前，大学学术委员会的作用发挥有限，部分治理职能仅停留在文件层面，收效甚微。一方面，在大学的日常管理中，学术委员会的话语权受限，决策权缺失，且行政化问题严重；另一方面，许多被授予学科带头人称号的教师并非真正从事科研的教授学者，而是负责行政工作的领导。这种制度安排往往导致决策违背学术发展规律，严重影响学术的独立性和自主性，助长了学术不正之风。

### （二）组织结构不合理

大学内部治理制度组织结构不合理会对大学的发展和运作产生多方面的负面影响。第一，不合理的组织结构使决策过程变得烦琐和冗长，各部门之间协调困难，信息流通不畅，决策效率低下，导致决策延误，错过最佳时机，影响大学发展和竞争力。第二，资源浪费是一个严重问题，组织结构不合理导致资源分配不均，某些部门或项目获得过多资源，而其他部门或项目则资源匮乏。第三，重复建设和资源重叠偶有发生，造成资源浪费和效益降低。服务质量下降是一个潜在影响。不合理的组织结构导致服务流程不畅，服务标准不统一，影响学生和教职工的体验，对大学的声誉和吸引力产生负面影响，影响招生和人才吸引。员工满意度下降是一个需要关注的方面，组织结构不合理给员工带来工作压力过大、职业发展受限等问题，导致员工的积极性下降，影响工作效率和质量，甚至造成员工流失。第四，不合理的组织结构影响大学的创新能力和适应性，限制跨部门合作和知识共享，阻碍新思想和创新的产生。在快速变化的高等教育环境中，大学须具备灵活性和适应性，而不合理的组织结构使其难以应对变化和挑战。总之，大学内部治理组织结构的合理性对于大学的发展和运营至关重要。不合理的组织结构导致决策效率低下、资源浪费、服务质量下降和员工满意度下降等问题，影响大学整体绩效和竞争力。

### （三）组织纵向权力分配不合理

大学内部通常实行校、院两级或纵向三级治理的纵向治理结构。我国高等教育实行的是科层制管理体制，权力过度集中在校级，院系应有的权力得不到保障，导致双向治理变成了单一管理。这种自上而下的管理体制不仅难以调动基层组织参与治理的积极性，也不利于营造民主监督、共同治理的活跃氛围。大学组织类型与治理制度不匹配的问题，严重影响了大学内部组织治理的效果和学术的健康发展。为了解决这些问题，需要进一步完善大学内部组织治理制度，明确行政组织与学术组织的权力边界，加强学术委员会的建设，提高其在学术事务中的决策地位；同时，要强化民主办学组织的制度化建设，拓宽监督权的实现路径，增强监督结果的硬约束；此外，需要依据大学自身的组织特性，具体探讨权力分配和权力合法化等问题，将权力赋予院系等学术基层单位，以切实保障学术人员的专业自治权①。

### （四）民主办学组织制度化

在民主办学组织制度化方面，存在的问题是未充分落实监督权。

① 张征．冲突与调适：大学治理变革中的“分权”和自治［J］．现代教育管理，2020（9）：61-66.

在大学内部组织治理中，教代会和学代会①作为民主权力的执行者，本应对涉及自身利益的决策行为进行民主管理和监督。但当前仍存在着监督权力实现途径有限以及监督结果落地缺乏硬性约束的状况。具体来说，一方面，教师职工代表大会和学生代表大会在履行职责时，往往只是停留在表面形式，未能深入研究问题，所提出的方案也难以真正落地实施；另一方面，监督结果对大学党委的任命与考核影响有限，缺乏实质性的约束力，导致监督效果大打折扣。

## 第四节　适应治理现代化的制度创新

### 一、权力分配与制衡

在治理现代化视域下，适应治理现代化的制度创新在权力分配与制衡方面，需要构建和完善支持全面创新的基础制度体系，涵盖人才发展、多元投入、知识产权、创新创业生态、组织基础以及科技安全等多个维度。制度创新旨在促进创新链、产业链、人才链和资金链的深度融合，推动制度从政策引导向制度保障转变，构建基础制度体系架构，推进制度的体系化、结构化和法制化建设。在大学内部治理中，关键问题是权力分配与制衡，涉及政治领导权力、行政权力、学术权力和民主管理权力。《中华人民共和国高等教育法》规定，高等学校实行党委领导下的校长负责制，以确保党对高校的政治领导权。校长负责学校的教学、科研②和其他行政管理工作，行使具体的行政管理职权。学术权力通过学术委员会等审议学术事项的任务型组织形式得以体现，而民主管理权力则通过教职工代表大会等民主管理和监督的形式实现。为实现有效的权力分配与制衡，需要明确不同权力的边界和运行机制，强化权力制约③，确保权力运行的透明性和责任性。这包括建立权责法定、权责透明、权责统一的制度，推动用权公开，完善公开制度和权力运行的反馈机制，以减少权力滥用的空间。此外，大学

① 尚春美，张胤．高校内部治理结构研究：基于在宁 8 所高校大学章程的分析［J］．东南大学学报（哲学社会科学版），2021，23（S2）：163-166．

② 刘志芳，孙银光．高校教师科研评价不良治理机制生成机理与优化路径［J］．大学教育科学，2024（4）：58-66．

③ 任增元．权力制约、资源依赖与公共选择：大学自治悖论的实践逻辑［J］．清华大学教育研究，2012，33（6）：111-118．

内部治理结构的变革需要尊重大学规律、体现中国特色、服务有效治理和兼顾开放多变。这要求在调整和改革政治权力、行政权力、学术权力和民主权力的职责权限时，形成协调的权力生态结构，避免学术权力弱化和行政权力泛化的问题，推动大学治理现代化，实现治理的科学性、民主性、法治性和有效性。

## 二、数字化管理制度的引入

在治理现代化的视域下，大学内部组织为适应这一趋势进行制度创新，尤其在数字化管理制度的引进上，着重加强在线课程体系建设，推动基础课程数字化，构建体系化的数字化资源库。例如，北京大学所有教室均支持线上线下融合教学，并拥有丰富的录播课程资源。以“数智化＋”战略推进交叉学科建设，促进学生探求知识，理解科技与人文的结合，进行信息化体制机制改革，解决“数据孤岛”和数据质量问题，推动管理体制改革，创新队伍建设机制。吸引和留住高水平信息化人才，建立健全激励竞争机制，规划适合信息化人才的发展通道。大学通过数字化转型赋能学科治理，促进学科治理多元参与，提高决策的民主科学性，保障互联互通，打造关怀共生的文化。从人才发展、多元投入、知识产权、创新创业生态、组织基础、科技安全等方面进行制度创新，推动创新链、产业链、人才链和资金链的深度融合。依据大学组织特性、组织生态、复杂科学、系统论等理论，对大学内部治理①体系进行创新，以适应治理现代化的要求。通过这些举措，大学能够构建一个更为科学、合理和高效的内部治理体系，以适应治理现代化的需求，推动大学的全面发展。

## 三、应对科技革命和产业变革的制度调整

大学内部组织治理制度应根据科技革命和产业变革做出相应调整，需要在多个层面进行改革和创新，制度调整应首先尊重大学作为学术文化机构的组织特性，确保治理结构变革具有逻辑自洽性，并尊重规律，营造支持学术自由和创新的环境，调整过程中要兼顾社会、文化和制度方面的嵌入性，构建具有中国特色的现代大学治理体系，反映国家治理体系和治理能力现代化的要求。改革应调整和改革政治权力、

① 俞婷婕，赵彩霞．完善高校治理体系推进内部治理改革：“高校内部治理体系创新的理论与实践”高层论坛综述［J］．教育发展研究，2017，37（Z1）：119-121.

行政权力、学术权力和民主权力的职责权限，形成以“党委领导、校长负责、教授治学、民主管理”为主体框架的权力生态结构。制度创新应全面、充分，机制完善、路径清晰、范围与结构均衡，以促进创新链、产业链、人才链和资金链的深度融合。加强学术委员会的作用，确保学术事务决策的独立性和专业性，减少行政权力对学术的不必要干预。增强工会、学生代表大会、教职工代表大会等在促进师生治理参与方面的平台功能，明确各类权力的具体事项范围。重视学院层面的治理，解决基层学术组织活力问题，从“横向分权”转向“纵向分权”，即重构校、院两级关系①。章程是大学自主办学的基本法、学术自由的保障书和师生权利的守护者，通过章程建设推动内部治理趋于规范，构建智慧教育平台、移动应用等数字治理工具，解决数据瓶颈，建立起学科治理的数字发展轨迹。在国家整体治理体系变革的背景下，大学治理结构需要平衡改革发展的现实与未来，处理好稳定性与动态适应性的关系，更好地适应科技革命和产业变革带来的挑战，构建一个既尊重学术自由又保证行政效率的内部治理体系，促进大学内部组织治理的和谐与进步。

## 第五节　大学内部组织治理制度的实践路径

构建大学内部组织治理制度要以建设现代大学制度为理念，更加突出制度的匹配性与完善性。具体来说，要从三个方面做起，分别是增强治理模式与组织类型的匹配性，明晰大学内部组织治理制度清单以及强化大学权益救济制度建设。

### 一、增强治理类型与组织类型的匹配性

大学内部组织类型主要包括行政主导型、学术主导型、市场主导型和协商式治理类型。在大学的内部组织治理实践中，控制主体不同、成立原因不同、办学目标不同就会必然导致内部组织治理类型各有差异。行政主导型、学术主导型、市场主导型和协商式治理类型都要求大学内部组织治理增强治理模式与组织类型的匹配性；如果是行政主导型的大学内部组织治理类型，在治理模式上，就应该积极强化行政

① 田恩舜．我国大学治理体系现代化的新探索：《大学行政权力清单制度研究》评述[J]．中南民族大学学报（人文社会科学版），2022，42（11）：189.

事务主导作用，在制度设计中应该更加考虑以校长为代表的行政力量的作用，使得以校长为代表的行政力量能够在大学的高质量发展中起到核心和引领作用；如果是学术主导型的大学内部组织治理类型，在治理模式上，就应该积极强化以学术委员会和教授学者为代表的学术力量的主导作用，在制度设计中应该更加考虑以学术委员会和教授学者为代表的学术力量的作用，使得学术力量能够在大学的高质量发展中起到核心和引领作用；如果是市场主导型的大学内部组织治理类型，在治理模式上，就应该积极强化以市场为导向的战略目标制定、战略目标实施与执行以及战略管理与保障，在制度设计中应该更加考虑市场力量的影响和冲击，使得市场导向的力量能够在大学的高质量发展中起到核心和引领作用。如果是协商式治理类型的大学内部组织治理类型，那么在治理模式上，就应该积极扩大多元参与的治理主体范围，构建多中心的协同治理体系。

加强现代大学制度建设，实现我国大学内部组织治理模式与组织类型匹配的关键，就在于探索大学的去行政化。大学去行政化从范围和对象来说主要包括两个方面的内容：一是从外部来看，要减少政府的行政管理对大学办学的干预，使得大学在科研教学和行政管理方面能够有更多的办学自主权，能够以更加灵活的体制机制设计和资源配置方式去积极适应快速变化的学术环境；二是从内部来看，要改变学校内部的教育资源配置方式，减少内部行政管理方面对学术研究方面的干预，使得大学的行政权和学术权能够得到恰当而合理的配置，使得资源都能得到更大限度、更加充分的利用，行政管理组织要重新对自己的职责进行定位，要更加突出在保障科研教学方面的后勤支持作用，学术研究要被放到更加重要的位置，赋予更高的地位和资源。

在大学去行政化[①]的具体组织治理制度建设上，建议重点做好以下两个方面的工作。第一，从外部来看，要切实转变当前政府教育部门中存在的行政管理观念，从思想和制度上都进一步明确高校的办学自主权，采取一系列行之有效的措施坚定不移地扩大高校自主办学，在高校科研教学的过程中要切实减少政府的行政管理对于大学办学的干

① 吴旭. 基础性权力与大学去行政化：对学术权力与行政权力二元对立观的反思 [J]. 教育学术月刊，2022 (10)：24-30.

预，也在高校行政管理的过程中要切实减少和规范对于学校的行政审批事项。第二，从内部来看，要建立现代大学制度，要在大学内建立新的治理机制，尤其是要充分发挥大学章程的作用：一方面，在章程的制定上需要全体师生的共同参与，而不能仅有少数领导成员参与，要确保全体师生都能发挥出去行政化的力量，以更加开放和公平的理念推进多元化治理；另一方面，要严格制定并落实大学章程的内容，确保大学学术本位的政治地位，确保教师和学生的力量发挥能够得到应有保障。

## 二、明晰大学内部组织治理制度清单

治理现代化视域下大学内部组织治理建构的重要环节是制度建构。在增强治理模式与组织类型的匹配性的基础上，要在治理模式的框架下构建相应的制度。制度的制定与完善应该贯穿大学组织治理的全流程和全过程，通过科学合理制定相关制度、严格执行落实制度规定、定期重检制度并不断进行完善等途径达到实现组织科学治理的目的。制度建构的实施要点和操作关键在于明晰大学内部组织治理制度清单。建设现代大学制度，明晰大学内部组织治理制度清单，是落实依法治校，建设中国特色现代大学的首要前提。当前，我国高等教育所遵循的法律、法规、制度、章程主要有我国《中华人民共和国教育法》《中华人民共和国高等教育法》《中华人民共和国教师法》《中华人民共和国学位条例》《普通高等学校学生管理规定》以及各高校自主制定的大学章程与规章制度。现代大学内部组织治理制度应实行分类治理、法人治理、学术治理、文化治理，遵循“合法性、合理性、正当性、适切性”的原则，建立“开放性、自主性、参与性和自律性”的多元参与、协同共治的治理制度。

大学内部组织治理制度清单的认定步骤可分为八个环节。第一步，对现行有效的规章制度进行全面而系统的梳理，确保不重复、不遗漏，在梳理的基础上列出现行有效的规章制度目录清单，作为明晰大学内部组织治理制度清单的基础。第二步，对现行规章制度目录清单的合法合规性进行检查，重点审查规章制度是否符合国家法律法规或行政规章的规定，以及是否符合行业准则或国家操作标准。第三步，对现行规章制度目录清单的逻辑性和系统性进行检查，重点审查规章制度之间是否存在重复或冲突。第四步，对现行规章制度目录清单的适用性和合理性进行检查，重点审查规章制度是否符合高校行政事务或学术治理的现状。第五步，对现行规章制度目录清单的形式有效性进行检查，重点审查规章制度是否符合内部控制要求或对风险点的涵盖是否全面。第六步，对现行规章制度目录清单的实践有效性进行检查，重点审查规章制度实施过程中或已有纠纷、案件而暴露出来的规章制度问题。第七步，在对现行规章制度目录清单进行合法合规性检查、逻辑性和系统性检查、适用性和合理性检查、形式有效性检查、实践有效性检查的基础上，提出对规章制度进行修改或完善的意见、建议和整改计划。第八步，形成符合现代大学制度要求的内部组织治理制度，加大规章制度管理和执行力度。

## 三、强化大学权益救济制度建设

强化大学权益救济制度建设既是保证大学发展成果、维护学术公平的必然要求，也是爱护干部职工、以人为本的根本体现。强化大学权益救济制度建设的关键，在于切实建立健全校内申诉制度。建立健全校内申诉制度的关键在于进一步扩大申诉的受理范围以及从制度上对学生申诉处理委员会的各项规程进行明确。一方面是进一步扩大申诉的受理范围，目前学生申诉处理委员会一般只受理那些较为严重的行政处分决定，比如取消学生入学资格、对学生进行违规违纪处分等，但是对于一些较轻的不公平行为缺乏申诉受理途径，比如在奖学金助学金方面的暗箱操作，在学生学习成绩评价上的权力滥用，不公平的奖优评先行为等等，要进一步扩大申诉的受理范围，对于一些较轻的不公平行为也要畅通申诉受理途径；另一方面是从制度上对学生申诉处理委员会的各项规程进行明确，学生申诉处理委员会的人员构成缺乏必要的制度规定，在大多数情况下学生代表的人数比例过低，而且表决权容易被影响而缺乏客观中立和公正，所以需要从制度上对学生申诉处理委员会的各项规程进行明确。

# 第八章　结论与展望

## 第一节　研究成果总结

经过前述研究，本书主要得出如下研究结论。

（1）根据问卷调查发现，新时代我国大学内部组织治理方面存在一系列问题，主要体现在内部组织治理价值导向比较模糊、内部组织治理主体多元化尚未形成、内部组织类型与治理制度不匹配以及内部组织治理的专业化程度有待提高等。

（2）新时代面向治理现代化的大学内部组织治理环境发生了日新月异的变化，主要包括政治环境方面的治理现代化、经济环境方面的经济发展新常态和供给侧结构性改革、社会环境方面的多元合作参与治理以及技术环境方面的智能化、网络化。

（3）当前大学内部组织治理变革的路径在于以建设现代大学制度为理念，实现组织治理的价值现代化，形成良好的治理生态和治理制度，提高专业化治理水平。具体来说，就是针对内部组织治理价值导向比较模糊的问题实施价值建构，突出大学内部组织治理的现代价值导向，具体措施包括重视内部组织的智能化治理、树立非最小化的治理成本观、追求自我实现的组织文化治理；针对内部组织治理主体多元化尚未形成的问题实施生态建构，形成以学术为中心的大学内部组织治理生态，具体措施包括扩大学术组织自主治理范围、建立多中心治理机制、完善民主管理组织建设；针对内部组织类型与治理制度存在不匹配的问题实施制度建构，完善大学内部组织治理制度，具体措施包括增强治理制度与组织类型的匹配性、明晰大学内部组织治理制度清单、强化大学权益救济制度建设；针对内部组织治理的专业化程度有待提高的问题实施能力建构，提高大学内部组织治理的专业化程度，具体措施包括强化大学内部组织治理的目标激励、提升行政型组织执行力和增强学术型组织影响力。

（4）在数智化时代背景下，大学内部组织治理需适应技术革命与产业变革带来的挑战，推动治理现代化，以满足新时代教育需求。研究旨在提供新的视角，为大学治理工作提供理论和实践指导，促进大学内部组织治理的改革与创新。探讨了治理现代化的相关理论，包括治理现代化理论、组织生态位理论①、多中心治理理论等，为大学内部组织治理提供理论支撑。通过历史发展和现状调查，我们分析了大学内部组织治理存在的问题，如权力集中、利益冲突、缺乏沟通等。明确了大学内部组织治理的目标和原则，包括完善治理结构、加强制度建设、推进信息化建设等。提出了大学内部组织治理的路径，强调了价值建构、生态建构和制度建构，提升专业化治理水平。分析了大学内部组织的权力结构与分配，以及权力运行中的问题和制约因素。探讨了大学内部组织中的人员构成与角色，以及人员管理中存在的问题和挑战。讨论了大学组织文化的内涵与功能，以及文化建设的现状和实践路径。深入分析了学术治理的内涵、现状和问题，构建了完善的学术治理结构与机制。强调了治理制度的重要性，提出了适应治理现代化的制度创新和实践路径。讨论了治理能力的内涵与构成要素，提出了提升治理能力的必要性和策略。构建了大学内部组织治理评估的指标体系，提出了评估方法和监督机制建立与完善的路径。通过比较世界典型大学的内部组织治理，我们总结了国外大学内部组织治理的特点与可借鉴之处。探讨了多元化治理路径、民主化治理路径和科学化治理路径的内涵、类型、实施策略和意义。总结了研究成果，提出了对未来大学内部组织治理的建议，包括强调共同治理、数据驱动的决策、灵活性和适应性、强调创新和创业精神、国际化视野、社会责任、持续改进、技术应用、培养领导力、伦理和道德考量等方面。以上总结了每章的核心观点和研究成果，为大学内部组织治理的现代化提供了全面的理论分析和实践建议。

## 第二节　研究的不足与展望

本书研究“治理现代化视域下大学内部组织治理路径”，目的是在治理现代化视域下，对新时代大学内部组织治理存在的问题进行剖析，

① 杨婧，常春．基于生态位法则的概念稳定性研究［J］．图书情报工作，2016，60（13）：27-32．

有利于找出影响推进大学内部组织治理变革的因素，实现治理现代化视域下大学内部组织治理路径的优化。从整体上看，本书较好地完成了课题研究并取得了一定的研究成果。不过，由于主客观原因，笔者对选题所做的相关研究尚有诸多不足之处，主要表现为研究层次浅、视野窄、框架粗。另外，由于资料收集难度较大，致使书中实证研究较少，这是本书的另一不足之处。可能存在对治理现代化理论的探讨不够深入，理论框架的应用和实践结合需要进一步加强。文献综述可能较为丰富，但可能受限于样本选择、数据收集和分析方法，实证研究结论的普遍性和适用性受限。在探讨大学内部组织治理时，可能未能充分整合跨学科的理论和方法，如管理学、教育学、社会学等。随着数智化时代的到来，大学内部组织治理的技术应用可能存在研究不足，特别是在信息技术与治理实践的融合方面。研究可能主要集中在国内现状，而对国际上先进的治理模式和经验的比较分析可能不够充分。提出的政策建议可能需要更具体的操作性指导，以便于在实际治理中得到有效实施。

需要进一步深化对治理现代化理论的研究，探索其在大学内部组织治理中的具体应用。扩大实证研究的范围，采用更多样的研究方法，以增强研究结论的说服力。鼓励跨学科的研究方法，整合不同学科的视角，以丰富大学内部组织治理的研究内容。研究信息技术在大学治理①中的应用，探索数智化时代下治理模式的创新。加强与国际先进治理模式的比较研究，借鉴和吸收国外成功的治理经验。提供更具体、操作性更强的政策建议，以指导大学内部组织治理的实践改革。建立持续的评估机制，对治理效果进行定期评估，并根据反馈进行调整优化。加强对治理人才的培养，特别是在领导力、决策能力、伦理意识等方面的培训。在治理中更加注重社会责任和伦理道德，确保大学的发展与社会需求和价值观相协调。建立持续改进的文化和机制，鼓励大学内部组织不断追求治理的优化和创新。这些不足与展望为未来的研究提供了方向，也为大学内部组织治理的实践提供了改进的思路。

① 朱家德．提高大学治理的有效性：20 世纪 60 年代以来西方大学治理结构变化的总趋势［J］．中国地质大学学报（社会科学版），2012，12（6）：123-130．

## 第三节　对未来大学内部组织治理的建议

### 一、强调共同治理

鼓励教师、学生、行政人员和其他利益相关者积极参与大学的决策过程。结合数智化时代、产业变革和新质生产力的背景，创建一个多方利益相关者参与的治理平台，包括学生、教师、行政人员、校友和行业合作伙伴，确保治理决策反映多元化视角；鼓励不同治理主体之间的协作与交流，通过跨部门团队和工作小组，实现资源共享和知识整合。确保学术自由得到尊重，为教师和学生提供创新和探索的自由空间，这是学术发展和知识进步的基石；通过收集和分析相关数据，支持基于证据的决策过程，提高决策的科学性和准确性。在学术研究和治理实践中，强调伦理标准和诚信行为，确保学术活动的质量和声誉；鼓励跨学科的学习和研究，打破传统学科界限，促进新知识的产生和问题的全面解决；利用数智化工具和平台，提高教育和研究的效率，增强治理过程的透明度和参与度；在教学和研究中注重批判性思维的培养，鼓励学生和教师质疑现有知识，寻求更深层次的理解；通过公开治理过程和结果，提高透明度，确保所有利益相关者都能了解并参与到治理中；为师生提供持续学习和职业发展的机会，适应快速变化的数智化时代；通过国际合作项目和学术交流，引入全球视野，提升学术研究和治理实践的国际化水平；在治理中纳入风险评估和管理，及时应对数智化时代和产业变革带来的挑战；在治理中考虑环境保护和社会责任，推动可持续发展的教育和研究；建立有效的评价体系，定期评估治理效果，根据反馈进行调整和改进；培养具有远见和领导力的治理人才，引导大学适应数智化时代的要求，实现共同治理的目标。

### 二、数据驱动的决策

大学投资先进的数据收集、存储和处理系统，确保大学拥有处理大规模数据的能力。将数据素养纳入教育体系，培养学生和教职工的数据意识，提高分析和解释数据的能力；鼓励使用跨学科方法进行数据分析，结合不同领域的知识和技术，获得更全面和深入的见解；支持基于数据的学术研究，利用数据分析揭示新的研究问题和趋势，推动学术创新；开发和实施决策支持系统，利用数据分析为治理决策提供实时、准确的信息和建议；建立数据共享机制，鼓励开放科学，促进数据的透明度和可访问性，增加研究的可重复性和可靠性；制定严格的数据安全政策和隐私保护措施，确保数据收集和使用过程中的合规性和伦理性；利用数据分析评估教学和研究绩效，为资源分配和政策制定提供依据；运用预测分析技术，基于历史和实时数据预测未来趋势，提前识别和管理潜在风险；整合不同来源和类型的数据，构建综合的数据视图，支持更全面的决策过程；在数据分析和决策中强调逻辑性和批判性思维，确保决策基于合理的推断和证据；通过数据驱动的方法增加学术性，鼓励深入研究和理论发展，提升学术成果的影响力；利用技术手段，如人工智能和机器学习，与教育过程融合，提高教育质量和个性化水平；鼓励持续学习和适应新数据技术，使大学能够快速响应数智化时代的变化；参与国际合作，遵循国际数据标准和协议，提升数据的全球互操作性和可比较性。

## 三、灵活性和适应性

建立一个能够快速响应外部变化的治理结构，调整其政策和实践以适应新的教育需求和市场趋势。开发模块化的教育课程，使学生能够根据个人兴趣和职业目标灵活选择课程，便于大学根据行业需求更新课程内容；鼓励持续的教育改革，适应数智化时代的技术进步和产业发展，确保教育内容和方法的现代性和相关性；实施基于数据和性能指标的动态资源配置策略，使大学能够灵活地将资源分配到最需要的领域；加强与行业、政府和其他教育机构的合作，促进知识和技能的交流，提高大学对变化的适应能力；鼓励学术研究紧跟数智化时代的发展趋势，快速适应新兴技术和产业变革的需求；在教学中加强逻辑性和批判性思维的培养，使学生能够理性分析问题并适应复杂多变的环境；建立一个能够适应不同学术贡献和创新成果的评价体系，鼓励教师和学生在学术探索中展现灵活性和创造性；构建支持终身学习的体系，使师生能够持续更新知识和技能，适应不断变化的职业和学术要求；建立技术集成中心和创新实验室，鼓励师生探索新技术，并将其应用于教学和研究中；为适应性研究提供资金支持，鼓励学者对新兴领域进行探索，提升学术研究的灵活性；利用数据分析来预测未来趋势和需求，为大学的战略规划和资源配置提供依据；培养具有国际化视野的师生，增强大学适应全球化挑战的能力，促进跨文化交流和学术合作；培养灵活、开放和创新的组织文化，鼓励师生和员工适应变化并积极参与治理过程；在适应性和灵活性的追求中，强化伦理和社会责任，确保大学的发展与社会价值和期望相符。

## 四、强调创新和创业精神

将创新和创业精神融入教育理念和课程设计中，鼓励学生发展创新思维和解决问题的能力。设立创业课程和工作坊，提供实际创业指导，帮助学生将创意转化为实际的商业机会；建立跨学科创新平台，促进不同领域之间的交流与合作，激发新的创意和解决方案；加强与产业界的联系，推动学术研究成果的商业化，鼓励创业项目与市场需求对接；创建校园内的创新孵化器和加速器，为学生和教师提供资源、指导和网络支持，帮助他们将创意实现；利用大数据、人工智能等技术为创新和创业提供数据支持和工具，提高项目的成功率；在创新和创业教育中强调学术性与逻辑性，确保创意和项目建立在坚实的理论和实证基础之上；培养健康的创新文化，鼓励承担计算过的风险，并从失败中学习和成长；鼓励国际合作和交流，引入全球创新和创业的最佳实践，提升项目的国际竞争力；通过持续的教育和培训，帮助师生维持和提升创新能力，适应快速变化的数智化环境；邀请创业导师和行业专家参与教学和指导，为学生提供实际的行业洞察和经验分享；加强知识产权的教育和管理，保护创新成果，鼓励师生了解和利用知识产权制度；建立健全评价创新和创业成果的学术评价体系，认可非传统形式的学术贡献；在创新和创业教育中强调伦理和社会责任，确保创新活动对社会有积极影响；确保对创新和创业教育和实践的持续资源投入，包括资金、设施和人力资源；等等。

## 五、国际化视野

建立全球教育网络，与世界各地大学建立合作关系，促进学生和教师的国际交流。开发与国际标准接轨的课程和学位项目，确保教育内容和学术水平具有全球竞争力；鼓励多语言教学，为学生提供学习不同语言的机会，增强其国际沟通能力；积极参与国际研究项目，与全球研究机构和学者合作，提升学术研究的国际影响力；鼓励对全球性问题的研究，如气候变化、可持续发展等，培养学生的国际视野和责任感；定期举办国际学术会议和研讨会，为师生提供与国际学者交流的平台；为学生提供海外学习和实习的机会，使他们能够体验不同的教育和工作环境；吸引和培养具有国际背景的教师，丰富教学内容和方法，提升学术研究的多样性；鼓励师生在国际期刊和会议上发表研究成果，提高学术成果的国际可见度；提供全面国际学生服务，包括语言支持、文化适应等，促进国际学生的融入；鼓励学生和教师参与国际组织和全球治理活动，培养他们的全球公民意识；在教育和培训中加强跨文化能力的培养，使学生能够在多元文化环境中有效沟通和工作；追求国际认证和遵循国际教育标准，确保教育质量和学术研究的国际认可；建立和维护全球校友网络，为学生和校友提供职业发展和国际合作的机会；建立一个考虑国际视野的学术评价体系，认可并鼓励具有国际影响力的学术贡献。

## 六、社会责任

社会责任作为大学教育核心使命之一，确保教育内容和实践活动与社会需求和伦理标准相符。加强伦理教育，将伦理考量纳入学术研究和项目设计中，培养学生的责任感和道德判断力；推动可持续发展的课程和研究项目，鼓励学生和教师探索解决环境和社会问题的方法；加强大学与周边社区的联系，通过社区服务和合作项目，让学生参与到社会问题的解决中；鼓励学者参与公共政策的研究和咨询，为政府和社会组织提供基于证据的建议和解决方案；建立机制评估学术研究的社会影响，确保研究成果对社会发展有积极贡献；开设企业社会责任相关课程，教育学生了解企业在社会和环境方面的责任；在治理中强调多样性和包容性，确保不同背景的学生和教师都能参与并受益；利用大学的知识资源进行社会普及活动，如公开讲座、在线课程等，提高公众的知识水平；建立研究伦理委员会，监督学术研究的伦理问题，确保研究的道德标准；通过国际合作项目，培养学生的全球视野和对全球问题的认识，增强其作为世界公民的责任感；提高大学治理的透明度，建立问责制度，让所有利益相关者了解大学的社会影响和责任。提供终身学习和职业发展机会，帮助学生和教职工适应快速变化的工作环境，增强其社会竞争力；在创新和创业教育中强调社会责任，鼓励学生和教师开发对社会有益的产品和服务，强调学术活动对社会的责任，确保研究和教学活动不违背社会伦理。

## 七、持续改进

建立一个系统的持续改进机制，定期评估和更新教育和治理实践，确保它们与时代发展同步。强化基于数据的决策制定过程，利用分析工具实现教育成果与治理效能的动态监测，指导持续改进。鼓励学术界不断深化研究，跟踪最新学术趋势，确保学术项目和课程内容的前沿性和相关性；构建支持终身学习的教育体系，使师生能够不断更新知识，适应快速变化的数智化环境；不断探索和整合新兴技术，如人工智能、大数据等，以提高教育质量和治理效率；促进跨学科的学术项目和研究，打破传统学科界限，促进新知识的产生；在所有课程和研究中强调学术性与逻辑性，培养学生的批判性思维和解决问题的能力；建立和维护一个全面的质量保证体系，包括内部和外部评估，确保教育和研究的高标准；加强国际合作和交流，引入全球最佳实践，提升学术研究和治理的国际化水平；提高大学治理的灵活性和适应性，快速响应教育需求和政策变化；在持续改进的过程中，不断强化伦理和社会责任，确保大学活动对社会有积极影响；加强创新与创业教育，培养学生的创新能力和适应未来工作环境的能力；建立多元化的学术评价体系，认可不同形式的学术贡献，鼓励创新思维。加强知识转移和技术转化的能力，将学术研究成果转化为实际应用；确保对教育和研究的持续资源投入，包括资金、设施和人力资源，以支持持续改进。

## 八、技术应用

开发和部署智能化教育平台，利用在线学习管理系统和自适应学习技术，提供个性化的学习体验，运用大数据分析来优化课程设计、教学方法和学习成效评估，确保教育活动的数据驱动和结果导向；探索虚拟现实（VR）和增强现实（AR）技术在教育中的应用，为学生提供沉浸式学习体验。利用人工智能（AI）技术开发智能辅导系统，为学生提供定制化的学习支持和反馈；为学术研究提供先进的技术工具，如文本分析软件、模拟软件和数据可视化工具，推进研究的深度和广度；建立跨学科技术实验室，促进不同领域之间的技术交流和创新合作；加强网络安全教育，提高师生对数据保护和网络安全的意识，确保技术应用的安全性；在技术应用中强调伦理教育，培养学生对技术伦理问题的识别和处理能力，利用技术平台促进学术成果的开放共享，增加学术研究的可见度和影响力，利用技术进行数据收集和分析，支持大学治理决策的制定，提高决策的透明度和效率；开发技术工具辅助学术评价过程，确保评价的客观性和公正性。应用技术进行有效的知识管理，促进知识的积累、传播和创新；利用技术平台促进国际学术交流和合作，拓宽学术视野；利用技术提供灵活的学习途径，支持终身学习的理念，帮助师生适应快速变化的数智化环境。大学通过技术手段，如在线开放课程（MOOCs），可提高教育的可及性和公平性。

## 九、培养领导力

设立领导力发展项目和培训课程，培养学生和教职工的领导技能，包括决策、沟通和团队管理；开发跨学科领导力课程，整合不同领域知识和技能，以培养具有创新思维的领导者；提供实践机会，如学生组织、志愿服务和实习项目，让学生在真实环境中锻炼领导力；定期举办学术领导力论坛和研讨会，邀请领域内领导者分享经验和见解；鼓励支持对领导力理论和实践的研究，增加学术性，为领导力发展提供理论基础；在领导力教育中强调伦理和社会责任，培养具有道德判断力和社会责任感的领导者；利用模拟软件和虚拟现实技术，提供沉浸式领导力培训体验；认可并培养多种领导风格和模型，以适应不同文化和工作环境需求；将领导力培养与创新能力相结合，鼓励领导者在快速变化的环境中寻求新的解决方案；鼓励教职工参与终身学习，不断提升领导能力和专业知识。培养具有国际视野的领导者，理解全球挑战和跨文化管理的重要性；鼓励学者在学术研究中展现领导力，推动学术领域发展；建立评价体系，评估领导力发展项目效果，确保持续改进；在大学治理结构中融入领导力培养，确保治理过程反映领导力发展需求，强调领导者在推动社会进步和解决全球问题中的作用，培养具有全球责任感的领导者。

## 十、伦理和道德考量

将伦理和道德教育纳入大学教育的核心，确保学生和教职工理解并实践伦理原则。开设专门伦理课程和组织研讨会，讨论数智化时代的伦理挑战，如数据隐私、人工智能伦理等；确保所有学术研究遵循严格伦理准则，包括但不限于研究设计、数据收集和结果发布；加强伦理审查委员会的作用，对学术研究和技术创新进行伦理审查和监督；在领导力培养中强调道德责任，确保领导者在决策过程中考虑伦理和社会责任；促进跨学科的伦理研究，整合不同领域的视角来解决复杂的伦理问题；在决策过程中，使用伦理框架和逻辑推理来支持和验证决策的道德合理性；鼓励公开讨论伦理议题，提高透明度，促进校园内外对伦理问题的理解和共识，持续更新伦理教育的内容，确保其相关性和前瞻性；参照国际伦理标准和最佳实践，提高大学治理的全球兼容性和道德权威，建立解决伦理冲突的机制，确保出现伦理问题时有明确的程序和指导原则；在学术评价体系中纳入伦理和道德考量，确保学术成就不以牺牲伦理标准为代价；鼓励对新兴技术带来的伦理问题进行前瞻性研究，以引导负责任的技术创新，将伦理和道德考量纳入终身学习的概念，鼓励个人在职业生涯中持续反思和提升伦理意识。

# 参考资料


[1] 贺湘婷. 治理现代化视域下大学内部组织治理路径研究 [D]. 武汉：武汉理工大学，2019.

[2] 黄宝印，刘永栓，薛新龙. 加快高校内部治理体系建设 坚定走好中国特色高校内部治理现代化新路 [J]. 中国高教研究，2024 (7)：19-24.

[3] 郑磊. 高校组织自主权的规范内涵与制度构造 [J]. 重庆高教研究，2024，12 (6)：52-63.

[4] 刘志芳，孙银光. 高校教师科研评价不良治理机制生成机理与优化路径 [J]. 大学教育科学，2024 (4)：58-66.

[5] 罗嗣海. 高质量发展阶段地方“双一流”建设高校治理效能提升路径 [J]. 中国高等教育，2024 (1)：34-37.

[6] 王少媛，白永生. 协同治理视域下高校财务治理体系的优化路径 [J]. 国家教育行政学院学报，2022 (5)：47-53.

[7] 白强. 高校知识生产的逻辑分析与学科建设动力机制构建 [J]. 现代教育管理，2023 (9)：76-85.

[8] 俞兆达. 民办高校办学质量的多元主体诉求及其协商路径：基于多元主体理论视角 [J]. 中国高教研究，2023 (1)：35-42.

[9] 陈晓飞，贺光明，邓佳贝. 新时代高校教师参与学校治理的意愿与动力研究 [J]. 江苏高教，2024 (7)：40-47.

[10] 荣振华，管又飞. 高校治理中大学生参与权的理论基础与现实表达 [J]. 复旦教育论坛，2017，15 (6)：33-39.

[11] 张宝歌. 中国式高校治理现代化发展逻辑及价值取向 [J]. 社会科学战线，2023 (9)：239-249.

[12] 李基礼. 基于功能系统分析法的思想政治教育现代化探究 [J]. 思想教育研究，2022 (6)：14-18.

[13] 吴璇. 论大学治理内部主体专业化取向 [J]. 江苏高教，2022 (12)：59-63.

[14] 童卫丰，张璐，施俊庆. 利益与合力：基于利益相关者理论

的产教融合及其实施路径［J］. 教育发展研究，2022，42（17）：67-73.

［15］慕益廷. 我国农林高校学生参与学校内部治理研究［D］. 哈尔滨：东北林业大学，2023.

［16］贾志斌. 数智赋能的高等教育治理现代化：推进机制与实践理路［J］. 中国电化教育，2024（8）：80-86.

［17］苟江凤，杨九民，李荣娜，等. 智能技术支持的师范生数字化教学能力提升：期望价值信念的作用［J］. 中国电化教育，2024（8）：56-61.

［18］饶佩. 坚守还是放弃：关于高等教育学科边界的思考［J］. 江苏高教，2024（3）：12-24.

［19］张雷生. 世界一流大学法人内部治理结构研究［J］. 现代教育管理，2024（8）：67-79.

［20］刘晏如，宋丹，赵哲. 学生参与大学治理的动力因素探析：基于辽宁省高校的实证研究［J］. 高教发展与评估，2022，38（2）：10-23.

［21］杨一鸣，张振华. 我国民办高等教育高质量发展的机理与路径研究［J］. 应用型高等教育研究，2023，8（4）：8-14.

［22］叶静宜. 大学章程的裁判适用［J］. 华东师范大学学报（教育科学版），2024，42（8）：85-103.

［23］史吉海，史华楠. 中国式“教授治校”和“教授治学”的理论分歧与制度耦合［J］. 复旦教育论坛，2023，21（4）：36-42.

［24］徐丹丹，冯锐. 技术赋权视阈下的现代大学制度及其未来走向［J］. 高教探索，2023（4）：5-11.

［25］刘烊铭，张红伟. 中国大学治理研究：热点前沿与理论框架构建［J］. 西南民族大学学报（人文社会科学版），2023，44（12）：232-240.

［26］王洪才. 创新创业教育：高等教育普及化的核心命题［J］. 四川师范大学学报（社会科学版），2023，50（5）：117-123.

［27］李娅雯. 高校内部治理能力提升路径：基于多维协同模式的视角［J］. 山西财经大学学报，2024，46（S1）：241-243.

［28］章翔，周刘华，余佳萍，等. 新时代高校公共体育课程思政

的目标任务、价值意蕴、建设模式与实践要旨［J］. 天津体育学院学报，2023，38（4）：380-384.

［29］李奚溪. 走向多元善治：我国大学内部治理现代化的应然样态：基于治理单元“权力”的视角［J］. 江苏高教，2023（3）：62-68.

［30］陈林. 人工智能嵌入大学内部治理的技术逻辑、潜在风险与优化策略［J］. 大学教育科学，2024（3）：22-30.

［31］李福华. 学术权力行政权力视野中我国大学校长的任职经历分析［J］. 清华大学教育研究，2023，44（1）：55-64.

［32］魏妮，司晓宏. 高质量审计助力大学治理现代化：逻辑必然与功能优化［J］. 西北大学学报（哲学社会科学版），2024，54（2）：172-182.

［33］高明鸣. 条块视阈中的基层开放大学治理困境与对策研究［J］. 成人教育，2023，43（7）：59-63.

［34］吉明明，马金平. 大学治理中学生参与的批判性话语分析［J］. 江苏高教，2024（2）：45-51.

［35］宫龙江，张凯丽. 学生参与大学治理的现实困境及突破路径：基于黑龙江省 23 所高校大学章程的文本分析［J］. 教育探索，2023（11）：33-37.

［36］余利川，刘怡. 大学学术治理制度建设有效性诊断与优化：聚焦“双一流”高校学术委员会章程的历时性修订［J］. 复旦教育论坛，2023，21（1）：28-35.

［37］牛军明. 大学文化治理：大学治理范式转型的重要路径［J］. 江苏高教，2022（8）：45-52.

［38］BAIRD J. Beyond professionalisation: enhancing the governance culture for Australian university governing boards[J]. Tertiary education and management, 2006, 12(4).

［39］BIRNBAUM R. The end of shared governance: looking ahead of looking back[J]. New directions for higher education, 2004(9).

［40］ROSCA I G, NASTASE P, MIHAI F. Information systems audit for university governance in Bucharest academy of economic studies[J]. Informatica economica journal, 2010, 14(1).

［41］CHRISTOPHER J. Governance paradigms of public universities:

an international comparative study [J]. Tertiary education and management, 2012, 18(4).

[42] WU Yelin, XU Wenting. An exploration on the value appeal and practice path of university governance under the context of good governance[J]. Canadian social science, 2015, 11(3).

[43] LOKUWADUGE S D C, ARMSTRONG A. The impact of governance on the performance of the higher education sector in Australia[J]. Educational management administration & leadership, 2015, 43(5).

[44] HAN Shuangmiao, ZHONG Zhou. Strategy maps in university management: a comparative study [J]. Education management administration & leadership, 2015, 43(6).

[45] NURUNNABI M. Political governance and accountability of private universities in developing countries[J]. International journal of public sector management, 2016, 29(6).

[46] PUGH R, HAMILTON E, JACK S, et al. A step into the unknown: universities and the governance of regional economic development[J]. European planning studies, 2016, 24(7).

[47] GOHARI S, HOLSEN T. Understanding the governance system in the campus development; the cases of Norwegian university of life sciences and Norwegian university of science and technology[J]. Procedia engineering, 2016, 161.

# 附　录

## 大学内部组织治理情况调查问卷

尊敬的女士/先生，您好！

非常感谢能参与本次调查，本调查是针对您所在的大学并对其内部组织治理情况的调查，本调查仅做科学研究之用，并承诺实行匿名调查且对调查结果保密。

**第一部分　基本数据**

| 序号 | 内容 |
|---|---|
| 1 | 您的性别：(1) 男　(2) 女 |
| 2 | 您的年龄：(1) 25岁及以下　(2) 25—35岁　(3) 35—45岁　(4) 45岁以上 |
| 3 | 您的教育程度：(1) 大专　(2) 本科　(3) 硕士　(4) 博士 |
| 4 | 您的职位：A. 院党委（总支）（副）书记　B.（副）院长　C. 教师　D. 学生　E. 行政人员 |
| 5 | 您已在该单位的年限：A. 5年及以下　B. 6—10年　C. 11—15年　D. 16—20年　E. 21—25年　F. 26年及以上 |
| 6 | 您的专业所属学科类型：A. 工程与技术科学类　B. 自然科学类　C. 人文与社会科学类　D. 农业科学类　E. 医药科学类 |

**第二部分　治理现代化理念下大学内部组织治理情况**

以下题目均为打分题（分数区间1—9分，1分为最低，9分为最高）

7. 治理现代化理念下高校内部组织治理价值导向应该是现代价值导向，而非行政效率导向。鉴于此，您对本校组织治理价值导向打分为　（　）

8. 治理现代化理念下高校内部组织治理需要减少政府干预。鉴于此，您对本校组织治理中学校放权程度打分为　（　）

9. 治理现代化理念下高校内部组织治理需要校内主体的积极参与。鉴于此，您对本校组织治理中校内主体参与程度打分为　（　）

10. 治理现代化理念下高校内部组织治理需要社会中介机构发挥监督评估作用。鉴于此，您对本校组织治理中社会中介机构参与内部组织治理监督评估的有效性打分为　（　）

11. 治理现代化理念下高校内部组织治理需要高校保持信息透明以吸引社会公众积极参与。鉴于此，您对本校组织治理中信息透明度情况打分为 （　　）

12. 治理现代化理念下高校内部组织治理需要建立起运行良好的董事会制度。鉴于此，您对本校组织治理中董事会制度发挥作用情况打分为 （　　）

13. 治理现代化理念下高校内部组织治理需要减少行政力量对学术力量的干涉。鉴于此，您对本校组织治理中行政力量放权程度打分为 （　　）

14. 治理现代化理念下高校内部组织治理需要充分保障民主权力。鉴于此，您对本校组织治理中民主权力保障程度打分为 （　　）

15. 治理现代化理念下高校内部组织治理需要保持纵向权力分配合理。鉴于此，您对本校组织治理中纵向权力分配合理性打分为 （　　）

16. 治理现代化理念下高校内部组织治理需要建立起专业化的管理人员队伍。鉴于此，您对本校组织治理中专业化管理人员队伍建设情况打分为 （　　）

**第三部分　大学内部组织治理整体情况评估与建议**

17. 结合前述我们对治理现代化理念下高校内部组织治理相关概念的阐述，以及对您的调查，您认为本校内部组织治理整体完善情况为（　　）

A. 非常不完善　　B. 比较不完善　　C. 比较完善　　D. 非常完善

18. 在本校大学内部组织治理方面，您有什么建议？

________________________________________

________________________________________

________________________________________

感谢您的参与！